AF091687

www.ingramcontent.com/pod-product-compliance
Lightning Source LLC
LaVergne TN
LVHW012108070526
838202LV00056B/5665
9788119889204

گل بوٹے سلور جوبلی سیریز

بچّوں کی نظمیں
اسماعیل میرٹھی

مرتّب
ڈاکٹر محمد حسین مشاہد رضوی

محرّک
فاروق سیّد، مدیر گل بوٹے

© جملہ حقوق بحقِ گل بوٹے پبلی کیشنز، ممبئی محفوظ ہیں۔

بچوں کی نظمیں — اسماعیل میرٹھی

مرتب : ڈاکٹر محمد حسین مشاہد رضوی

محرک : فاروق سیّد

ناشر : گل بوٹے پبلی کیشنز، ممبئی

بسلسلۂ گل بوٹے سلور جوبلی جشن — ستمبر 2019ء

کمپوزنگ : یسریٰ گرافکس، پونہ

سرورق : ریحان کوثر، کامٹی

ملنے کے لیے رابطہ : 09867169383 (کوثر احمد)
09892461465 (محمد شریف)

ISBN: 97881-942699-9-1

Bachchon ki Nazmein - Ismail Merathi

Compiler: Dr. Muhammed Husain Mushahid Razvi

Motivator: Farooque Sayyed

Publisher: Gulbootey Publications, Mumbai

Commemorating Gulbootey Silver Jubilee Celebration - Sept. 2019

انتساب

پرنسپل ڈاکٹر محمد سہیل لوکھنڈ والا (سابق ایم ایل اے)
کی والدہ
حنیفہ ماں حاجی عمر لوکھنڈ والا

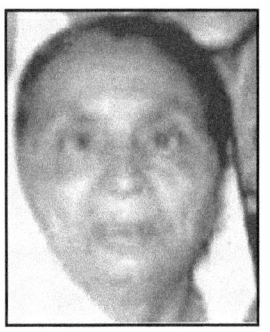

کے نام

منجانب
فاروق سیّد، مدیر گل بوٹے

عرضِ ناشر

پیارے بچو!

السلام علیکم ورحمۃ اللہ!

آج کا دن اور یہ خوب صورت موقع ہمارے لیے کسی انمول تحفے سے کم نہیں۔ آج ہمارا پسندیدہ رسالہ ماہنامہ 'گل بوٹے' ممبئی اپنی تاسیس کے پچیس سال مکمل کر رہا ہے۔ اس پرمسرّت موقع پر ہم اللہ ربّ العزت کی بارگاہ میں نذرانۂ تشکر پیش کرتے ہیں جس نے ہمیں یہ مبارک دن دِکھایا۔ 'گل بوٹے' کی اشاعت کے پچیس برس مکمل ہونے پر ہم اپنے ان تمام ننھے ساتھیوں کو دلی مبارکباد پیش کرتے ہیں جو اپنے پسندیدہ رسالے سے ابتدا ہی سے جڑے رہے۔ جنھوں نے گل بوٹے کو اپنا رسالہ سمجھا، اس کا ہر مہینے بڑی شدت سے انتظار کیا، اسے پابندی سے خریدا، اس کے خوب صورت مشمولات کو پسند کیا، اس کی قیمتی باتوں کو ذہن نشین کرکے ان پر عمل کیا۔ ان تمام ساتھیوں کو بھی مبارکباد جو گل بوٹے کی ترویج و ترقی اور اسے گھر گھر پہنچانے میں ہمیشہ کوشاں رہے، اس کی ترتیب و اشاعت میں اپنے قیمتی مشوروں سے نوازا، مشکل ترین حالات میں اپنی توجہ اور تعاون سے گل بوٹے کے کم سواد مدیر کی ڈھارس بندھائی، گل بوٹے ٹیم کی کوششوں کو سراہتے ہوئے ان کی حوصلہ افزائی کی، گل بوٹے کے ساتھ سفر کرتے ہوئے اپنے بچپن کو لڑکپن اور لڑکپن کو نوجوانی میں تبدیل کیا۔ آج کا دن ان تمام ننھے فرشتوں اور نوجوان دوستوں کے لیے نوید جانفزا لے کر آیا ہے اور آج یہی تمام ساتھی مبارکباد کے مستحق ہیں۔ آپ تمام کو کامیابی و کامرانی کے یہ پُرمسرّت لمحات بہت بہت مبارک ہوں!

عزیز ساتھیو! ہمارے ملک میں بچوں کے رسائل کی تاریخ درخشاں رہی ہے۔ ایک زمانہ تھا جب ملک کے مختلف شہروں سے بڑی تعداد میں بچوں کے رسائل نکلتے تھے۔ آج بھی قدرے کم تعداد میں سہی لیکن بچوں کے رسائل برابر نکل رہے ہیں۔ ممبئی جیسے اُردو آبادی والے بڑے شہر سے ایک عرصے سے بچوں کے ایک معیاری رسالے کی ضرورت محسوس کی جاتی تھی۔ اللہ کا شکر ہے کہ اس نے ہمیں توفیق بخشی اور ہم نے اللہ کا نام لے کر تن تنہا اس راہ پر قدم بڑھایا اور دیکھتے ہی دیکھتے گل بوٹے کے تئیں ہمارے جنون نے پچیس بہاریں مکمل کرلیں۔ اگرچہ زمانے کی نظر میں پچیس برس کوئی بڑی مدت نہیں ہوتی لیکن کسی رسالے کے لیے اور وہ بھی اُردو زبان میں بچوں کے رسالے کے لیے یہ ایک بہت بڑی مدت ہے۔ یہ ایک ایسی مدت ہے جسے کسی جنون یا دیوانگی کے سہارے ہی پورا کیا جاسکتا ہے۔ ان پچیس برسوں میں گل بوٹے نے ترقی کے کئی رنگ دیکھے۔ پہلے پہل اسے سادے کاغذ پر یک رنگی شائع کیا گیا۔ پھر پرنٹ میڈیا میں آئے انقلابات پر لبیک کہتے ہوئے آرٹ پیپر اور مکمل رنگینی کو اپنایا۔ اِس دوران گل بوٹے زمانے کے شانہ بہ شانہ چلتا رہا لیکن اس نے تعلیمی، اخلاقی اور تہذیبی رہنمائی کے اپنے مشن سے صرفِ نظر نہیں کیا بلکہ فکری طور پر پوری قوت سے اپنے مشن پر ہمیشہ گامزن رہا۔

ہمیں اس حقیقت کا اظہار کرتے ہوئے بڑی مسرت ہورہی ہے کہ جیسے ہی ہم اپنی تاسیس کے پچیسویں سال کی طرف بڑھ رہے تھے، ہم گل بوٹے کی سلور جوبلی کچھ منفرد انداز میں منانے کا سوچ رہے تھے اور جلد ہی ہم نے یہ عزم کیا کہ گل بوٹے کی پچیسویں سالگرہ پر ہم بچوں کے ادب کو نادر موضوعات پر پچیس کتابوں کا تحفہ دیں گے۔ الحمد للہ! ثم الحمد للہ! ہمیں خوشی ہورہی ہے کہ اللہ تعالیٰ نے ہمارے اِس عزم کی لاج رکھ لی اور ہم آج مختلف موضوعات پر پچیس کتابیں شائع کرنے میں کامیاب ہوئے ہیں۔ بچوں کے ادیبوں کی ڈائرکٹری الگ۔

بچوں کے ادب پر یہ پچیس کتابیں گل بوٹے کے ادارۂ تحریر کے رفقا یعنی 'ٹیم گل بوٹے' کی محنتوں کا ثمرہ ہے۔ ان کتابوں میں ٹیم گل بوٹے نے ان تمام موضوعات کو سمیٹنے کی

کامیاب کوشش کی ہے جو اُردو میں بچوں کے ادب کے زرین عہد کے گواہ ہیں۔ یہ وہ موضوعات ہیں جو اَب نایاب نہیں تو کمیاب ضرور ہیں البتہ یہ بھی حقیقت ہے کہ آج کسی ایک جگہ دستیاب نہیں۔ ٹیم گل بوٹے نے موضوعات کے انتخاب سے لے کر کتاب کی ترتیب و تدوین تک جس محنتِ شاقہ کا ثبوت فراہم کیا ہے اس کے لیے میں بحیثیت مدیر اور ناشر تمام مرتبین کا شکرگزار ہوں۔ ناسپاسی ہوگی اگر اس موقع پر اپنے عزیز دوست اور بال بھارتی پونہ کے اُردو افسر خان نوید الحق انعام الحق صاحب کا شکریہ ادا نہ کروں جن کی کرشماتی شخصیت نے کتابوں کی ترتیب سے لے کر سلور جوبلی تقریبات کے انعقاد تک ہر مشکل مرحلے میں میرے کندھے سے کندھا ملا کر کام کیا۔ ہر مرحلے پر ثابت قدمی دِکھاتے ہوئے کام کی پہل کی، اپنے وسیع تجربات کی روشنی میں کٹھن مراحل کو آسان بنا دیا اور اپنے آپ کو دامے درمے سخنے کلی طور پر اس کام کے لیے وقف کر دیا۔ ان احسانات کو صرف محسوس کیا جاسکتا ہے۔

زیرِ مطالعہ کتاب 'بچوں کی نظمیں - اسماعیل میرٹھی' جناب ڈاکٹر محمد حسین مشاہد رضوی نے مرتب کی ہے۔ آپ نے حتی الامکان اسے خوب سے خوب تر بنانے کی کوشش کی ہے اس لیے ادارہ گل بوٹے جناب ڈاکٹر محمد حسین مشاہد رضوی کا دِل کی گہرائیوں سے شکریہ ادا کرتا ہے۔

آپ کے اپنے ماہنامے 'گل بوٹے' کے جشنِ سیمیں کے موقع پر ہم ان تمام قلمکاروں، مراسلہ نگاروں اور قارئین کا شکریہ ادا کرتے ہیں جنھوں نے گزشتہ ربع صدی کے دوران ہر مرحلے پر ہمارا تعاون کر کے حوصلہ بڑھایا ہے۔ ہمیں اُمید ہے کہ بچوں کے ادب پر یہ پچیس کتابیں آج کے حالات میں ادبِ اطفال کی راہ متعین کرنے میں مشعلِ راہ ثابت ہوں گی۔ آپ کی گرانقدر آرا کا ہمیں انتظار رہے گا۔

والسلام

فاروق سیّد

مولانا اسمٰعیل میرٹھی

(پیدائش 1844ء   وفات 1917ء)

مولانا اسمٰعیل میرٹھی کا شمار جدید اُردو ادب کے ان اہم ترین شعرا میں ہوتا ہے جن میں خواجہ الطاف حسین حالی، مولوی محمد حسین آزاد وغیرہ شامل ہیں۔ پروفیسر گوپی چند نارنگ نے لکھا ہے :"مولوی اسمٰعیل میرٹھی ایک ہمہ جہت شخصیت ہیں۔ان کا شمار جدید نظم کے ہیئتی تجربوں کے بنیاد گزاروں میں ہونا چاہیے۔"

اردو ادب کی تاریخ میں جب بھی ادبِ اطفال کا ذکر ہوگا تو مولانا محمد اسماعیل میرٹھی کا تذکرہ لازمی ہوگا کہ آپ نہ صرف جدید نظم کے ہیئتی تجربوں کے بنیاد گزاروں میں سے ایک ہیں بل کہ آپ بچوں کے ادب کے اولین معماروں میں سے ایک نمایاں فرد ہیں۔

مولانا اسماعیل میرٹھی 12 نومبر 1844 کو میرٹھ کے ایک محلہ مشائخان میں پیدا ہوئے تھے۔اب یہ علاقہ اسماعیل نگر کے نام سے معروف ہے۔جب کہ آپ نے 1 نومبر 1917 کو وفات پائی۔ان کا سلسلہ نسب محمد بن ابو بکر رضی اللہ عنہما سے جا ملتا ہے۔ان کے کسی بزرگ نے ترکستان کے قدیم شہر خجند میں سکونت اختیار کی تھی اور وہاں سے آپ کے مورثِ اعلیٰ میں سے قاضی حمید الدین خجندی بادشاہ ظہیر الدین بابر کے ہمراہ ہندوستان آئے تھے۔معروف ادیب و شاعر مولانا محمد اسماعیل میرٹھی جن کی نظمیں آج بھی داخل نصاب ہیں، عالمی مبلغِ اسلام مولانا محمد عبدالعلیم صدیقی میرٹھی (خلیفۂ امام احمد رضا بریلوی) کے والد ماجد مولانا شاہ عبدالحکیم صدیقی میرٹھی کے چھوٹے بھائی تھے، دونوں بھائیوں کی عمروں میں 14 سال کا فرق تھا۔مولانا اسماعیل میرٹھی حضرت غوث علی قلندر علیہ الرحمہ سے عقیدت و ارادت رکھتے تھے۔ چناں چہ آپ کی شان میں دو منقبتیں کلیات میں شامل ہیں۔

"حیات اسماعیل" میں درج شدہ معلومات کی روشنی میں حضرت مولانا قاضی صوفی حمید الدین صدیقی خجندی علیہ الرحمہ تک، مبلغ اعظم کا شجرہ نسب یہ ہے"شاہ محمد عبدالعلیم بن شاہ عبدالحکیم جوش بن شیخ پیر بخش بن شیخ غلام احمد بن مولانا محمد باقر بن محمد عاقل بن مولانا محمد شاکر بن مولانا

عبداللطیف بن مولانا یوسف بن مولانا داوٗد بن مولانا احمد بن مولانا قاضی صوفی حمید الدین صدیقی خجندی رحمتہ اللہ تعالیٰ علیہم‘‘ (محمد اسلم سیفی بن مولانا محمد اسمٰعیلؔ میرٹھی (خان بہادر) سابق چیئرمین، میونسپل بورڈ، میرٹھ’’حیات اسماعیل (مع کلیات اسماعیل)‘‘۔

تعلیم مکمل کرنے کے بعد مولوی اسماعیل میرٹھی نے سررشتہ تعلیم میں ملازمت اختیار کی جہاں ان کی ملاقات قلقؔ میرٹھی سے ہوئی۔ قلقؔ میرٹھی نے انگریزی کی پندرہ اخلاقی نظموں کا منظوم ترجمہ ’جواہر منظوم‘ کے نام سے کیا تھا۔ اس منظوم ترجمے نے اسماعیلؔ میرٹھی کو بہت متاثر کیا، جس سے نہ صرف ان کی شاعری میں بلکہ جدید اردو نظم میں وہ انقلاب برپا ہوا کہ اردو ادب جدید نظم کے نادر خزانے سے مالا مال ہو گیا۔

مولانا نے اُس زمانے میں جب کہ عورتوں کی تعلیم کے سلسلے میں لوگ بیدار نہ ہوئے تھے بل کہ تعلیمِ نسواں کے تئیں مخالفانہ روش اپناتے تھے۔ میرٹھ میں خالص لڑکیوں کے لیے ’مدرسۃ البنات‘ کے نام سے ۱۹۰۹ میں ایک اسکول قائم کیا۔ یہ درسگاہ آج تک قائم ہے اور اسکا نام اسماعیلیہ ڈگری گرلز کالج ہے۔ ان تمام تعلیمی اور علمی مصروفیات کے ساتھ مولانا نے مسلمانوں کی سیاسی تربیت کو بھی نظر انداز نہیں کیا۔ اِن سیاسی خدمات کے پیشِ نظر انہیں ۱۹۱۱ء میں میرٹھ شہر کی مسلم لیگ کا نائب صدر منتخب کیا گیا تھا۔ اسی طرح وہ انجمن ترقی اردو کی مجلس شوریٰ کے رکن بھی رہے۔

ہندوستان کی ابتدائی اردو کی تعلیم میں مولانا اسماعیلؔ میرٹھی کی خدمات بہت اہم ہیں۔ اردو کی ابتدائی کتابوں میں مولانا کی کہی ہوئی آسان نظمیں ہوا کرتی تھیں۔ اُن نظموں کی خصوصیات ان کی آسان اور عام فہم زبان ہوتی تھی اور دوسری صفت یہ کہ اُن میں ایسی باتیں نظم کی گئی ہیں جن سے روز مرّہ کی زندگی کی عکّاسی ہوتی ہے اور بچوں کو ان باتوں میں بے انتہا دلچسپی ہوتی ہے۔ دراصل اردو زبان میں یہ نظمیں نرسری رائمز کا نعم البدل ہیں۔

دہلی کے ایک مشہور ادیب منشی ذکاء اللہ نے بھی سرکاری اسکولوں کے لیے اُردو ریڈروں کا ایک سلسلہ مرتب کیا تھا۔ اُن کی کتابوں میں اسماعیلؔ میرٹھی کی نظمیں بھی شامل تھیں۔

اسماعیلؔ میرٹھی نے نظموں کے ساتھ ساتھ غزلیں بھی لکھیں جو بڑے خاصے کی چیز ہیں۔ لیکن نظم اُن کی شخصیت کا شناخت نامہ بن گئی۔

اسماعیلؔ میرٹھی نے اس وقت اردو زبان و ادب کی آبیاری کی جب فارسی زبان و ادب کا بول بالا تھا۔ مدارس میں فارسی کتابوں کا چلن تھا اور گھروں میں صرف انفرادی طور پر اردو کی تعلیم ہوتی تھی۔ اس وقت بچوں کی تدریسی ضرورتوں کا ادراک کرتے ہوئے جس شخص نے باقاعدہ بچوں کے ادب کی طرف توجہ دی وہ اسماعیلؔ میرٹھی ہی تھے۔ انھوں نے نظمیں بھی لکھیں اور پہلی سے پانچویں جماعت تک کے لیے اردو کی درسی کتابیں بھی تصنیف کیں۔ ابتدائی جماعتوں کے لیے اردو زبان کا قاعدہ بھی مرتب کیا۔ انھوں نے قواعد و زبان پر بھی کئی کتابیں تصنیف کیں۔ انھوں نے لوئر پرائمری، اپر پرائمری اور مڈل جماعتوں کے لیے علیحدہ درسی کتابیں تیار کیں۔ جن میں بچوں کی نفسیات کے مطابق اسباق شامل کرتے ہوئے ان کی عمروں کا بھی خاص خیال رکھا گیا۔ ان کی درسی کتابیں ہزاروں مدارس اور اردو میڈیم اسکولوں کے نصاب میں شامل ہیں۔

اسماعیلؔ میرٹھی کی ادبی شخصیت کا شمار محض ادبِ اطفال کے ایک شاعر کی حیثیت سے کرنا راقم کی نظر میں درست معلوم نہیں ہوتا، کیوں کہ آپ نے اُس دور میں اردو ادب کو قیمتی اور اخلاقیات سے مزین نظمیں دیں جب کہ ہمارے شعرا کی اکثریت خیالی میدانوں میں گھوڑے دوڑانے کے سوا کوئی مفید خدمت کم ہی انجام دے رہی تھی۔ اپنے دوسرے ہم عصروں مثلاً حالیؔ، اور شبلی کی طرح مولانا میرٹھی نے اپنی شاعری کو بڑوں اور بچوں کے لیے تعلیم و تربیت کا ذریعہ بنایا۔ اُنھوں نے خاص کر نونہالوں کی ذہنی تربیت کے لیے درسی کتابیں مرتّب کیں۔ ان کتابوں کے نثری مضامین اور اُن کی نظموں نے یہ کام بڑی خوبی سے انجام دیا۔ اسماعیلؔ میرٹھی نے سادہ زبان میں اردو سکھانے کے ساتھ ساتھ ان کتابوں میں اخلاقی مضامین کو اس خوبی سے سمویا ہے کہ پڑھنے والے تعلیم کے ساتھ تربیت کے زیور سے بھی آراستہ ہوتے جاتے ہیں۔

معروف نقاد پروفیسر گوپی چند نارنگ کہتے ہیں: ”بچوں کا ادب اسماعیل میرٹھی کی ادبی شخصیت کا محض ایک رخ ہے۔ ان کا شمار جدید نظم کے ہیئتی تجربوں کے بنیاد گزاروں میں بھی ہونا چاہیے۔ آزادؔ اور حالیؔ نے جدید نظم کے لیے زیادہ تر مثنوی اور مسدس کے فارم کو برتا تھا۔ اسماعیلؔ نے ان کے علاوہ مثلث، مربع، مخمس اور مثمن سے بھی کام لیا ہے۔ ترقی پسند شاعروں نے آزاد نظم اور نظم معرّیٰ کے جو تجربے کیے، ان سے بہت پہلے عبد الحلیم شررؔ، نظم طباطبائی اور نادرؔ

کاکوروی اور ان سے بھی پہلے اسماعیلؔ میرٹھی ان راہوں سے کانٹے نکال چکے تھے۔"

بچوں کے معروف شاعر عادل اسیر دہلوی اسماعیلؔ میرٹھی کی شاعری کو چار ادوار میں تقسیم کرتے ہیں۔ان کے بقول مولانا کی شاعری کا سنہ آغاز 1860 کو مانا جاتا ہے۔جب انھوں نے منشی نجم الدین کے دولت کدے پر کسی کی فرمائش پر اردو کی جگہ فارسی کا شعر سنایا تھا۔اس وقت ان کے دل میں اردو شاعری کی ایک خاموش لگن بیدار ہوئی اور انھوں نے اردو اساتذہ کے کلام کا مطالعہ شروع کر دیا۔اسی دوران شاعری بھی شروع کر دی تھی۔ان کی ابتدائی شاعری کا زمانہ 1860 سے 1870 تک مانا جاتا ہے۔ دوسرا دور 1870 سے 1887 تک سمجھا جاتا ہے۔اس دور میں تین سال تک سہارنپور ضلع اسکول میں انھوں نے فارسی مدرس کے طور پر خدمات انجام دیں۔اس دور میں انھوں نے بچوں کے لیے کافی نظمیں لکھیں۔ تیسرا دور 1888 سے 1899 تک سمجھا جاتا ہے۔اس وقت آپ کا تبادلہ میرٹھ سے آگرہ ہو گیا تھا۔یہاں آپ کی سب سے پہلی تخلیق قلعہ اکبرآباد سے متعلق 'آثار سلف' ہے۔اسی دوران آپ نے معروف اردو ریڈروں کی تصنیف و تالیف کا کام انجام دیا۔ان کی شاعری کا چوتھا اور آخری دور 1900 سے 1917 تک یعنی ان کی وفات تک مانا جاتا ہے۔اس دور میں انھوں نے کئی قصائد لکھے جن میں 'نوائے زمستاں' قابل ذکر ہے۔

اسماعیلؔ میرٹھی کی نثر نگاری بھی اپنی جگہ پر اہمیت کی حامل ہے۔درسی کتابوں میں ان کی تحریر سادہ و پرکار نثر کی بہترین مثال ہے۔اسماعیل میرٹھی اپنی کہانیوں کے ذریعے بچوں کے اندر بہادری، انصاف پروری، اتحاد و یکجہتی، صبر و تحمل، علم دوستی، محنت اور میل جول کے جذبات پیدا کرنا چاہتے تھے۔انھیں ناول نگاری یا افسانہ نگاری سے کوئی دلچسپی نہیں تھی۔البتہ ان کے خطوط بھی بہترین نثر میں شمار کیے جاسکتے ہیں۔وہ بھی سادگی اور پرکاری سے مملو ہیں۔

گویا آج اسماعیلؔ میرٹھی جیسے شاعروں اور ادیبوں کی ضرورت ہے۔حالانکہ ایسا نہیں ہے کہ ادب اطفال کا میدان بالکل خشک ہوگیا ہے، شاعری بچوں کے لیے بھی کی جارہی ہے اور نثر میں بھی ادب تخلیق ہو رہا ہے لیکن جس اعلی پایے کے ادب کی ضرورت ہے وہ فی الحال نظر نہیں آتا۔اگر ہم نے اعلیٰ ادب تخلیق نہیں کر سکتے تو کم از کم اتنا تو کر ہی سکتے ہیں کہ قدیم شعرا و ادبا کی تخلیقات کو پھر سے منظر عام پر لائیں اور عہد حاضر کے بچوں کو ایک اچھا اور اعلیٰ قدروں کا حامل

انسان بنانے کی کوشش کریں۔ یہ ذمہ داری بڑوں پر عائد ہوتی ہے۔ اگر وہ اس میدان میں آگے نہیں آئیں گے تو نئی نسل تو تباہ ہوگی ہی، آنے والی نسلیں بھی ہمیں معاف نہیں کریں گی۔

مولانا اسماعیلؔ میرٹھی کے موے قلم سے نکلے ہوئے سبق آموز شہ پارے "حیات وکلیاتِ اسماعیل" کے نام سے اُن کے ایک صاحبزادے نے مرتب کیا ہے۔ اس کتاب میں انھوں نے لکھا ہے کہ مولانا غالب کو شاعری میں اپنا اُستاد بتاتے تھے۔ یہ مجموعہ تین ضخیم جلدوں پر مشتمل ہے۔ جن میں جلد اول مثنویات (سبق آموز منظومات)، مثلث، مربع، مخمس، مسدس، رباعیات، قطعات، قصائد اور متفرقات پر مبنی ہے۔ جلد دوم نظموں، قطعات، رباعیات اور ایک قابل قدر گوشہ 'غزلیات' پر پھیلا ہوا ہے۔ جب کہ جلد سوم مولانا اسماعیل میرٹھی کے فارسی کلام پر مشتمل ہے۔

پیشِ نظر مجموعہ "کلیاتِ اسماعیل میرٹھی" کی جلد اول و دوم کو سامنے رکھ کر ترتیب دیا گیا ہے۔ اس مجموعے میں مولانا کے بچوں کے لیے لکھا گیا اُردو کلام شامل کرنے کی کوشش کی گئی ہے۔

ادبِ اطفال کی ترویج و اشاعت اور بچوں کے ادب کی روایتوں کو مستحکم اور توانا کرنے میں ماہ نامہ گل بوٹے اور اس کے روحِ رواں برادرم فاروق سید کی سعی مسلسل ہر اعتبار سے لائق تحسین و آفرین ہے۔ امسال گل بوٹے کے کامیاب پچیس سال مکمل ہونے پر "جشن سیمیں" کے انعقاد کے ضمن میں سلسلۂ کتب کی اشاعت کی ایک کڑی کے طور پر اس کتاب کی اشاعت عمل میں لائی جارہی ہے۔ واضح ہو کہ مولانا اسماعیلؔ میرٹھی کے منتخب کلام کا ایک مجموعہ اس سے قبل رحمانی پبلی کیشنز، مالیگاؤں سے بھی شائع ہو چکا ہے۔ اس مجموعے سے ہمیں کافی رہنمائی ملی جس کے لیے ہم ان کے شکر گزار ہیں۔ اس مجموعے کی ترتیب و تہذیب میں جن جن حضرات نے بھی تعاون دیا راقم اُن کا ممنون و متشکر ہے۔ اللہ سب کو بہتر جزا بخشے۔ آمین

(ڈاکٹر) محمد حسین مُشاہدؔ رضوی

سروے نمبر 39، پلاٹ 14، نیا اسلام پورہ،
مالیگاؤں، ناسک 423 203
M.: 9021761740
mushahidrazvi79@gmail.com

حمد باری تعالیٰ

تعریف اس خدا کی جس نے جہاں بنایا کیسی زمیں بنائی ، کیا آسماں بنایا
پاؤں تلے بچھایا کیا خوب فرش خاکی اور سر پہ لاجوردی اک سائباں بنایا
مٹی سے بیل بوٹے کیا خوش نما اُگائے پہنا کے سبز خلعت ان کو جواں بنایا
خوش رنگ اور خوشبو گل پھول ہیں کھلائے اس خاک کے کھنڈر کو کیا گلستاں بنایا
میوے لگائے کیا کیا خوش ذائقہ رسیلے چکھنے سے جن کے مجھ کو شیریں دہاں بنایا
سورج سے ہم نے پائی گرمی بھی روشنی بھی کیا خوب چشمہ تو نے اے مہرباں بنایا
سورج بنا کے تو نے رونق جہاں کو بخشی رہنے کو یہ ہمارے اچھا مکاں بنایا
پیاسی زمیں کے منہ میں مینھ کا چوایا پانی اور بادلوں کو تو نے مینھ کا نشاں بنایا
یہ پیاری پیاری چڑیاں پھرتی ہیں جو چہکتی قدرت نے تیری ان کو تسبیح خواں بنایا
تنکے اٹھا اٹھا کر لائیں کہاں کہاں سے کس خوب صورتی سے پھر آشیاں بنایا
اونچی اڑیں ہوا میں بچوں کو پر نہ بھولیں ان بے پروں کا ان کو روزی رساں بنایا
کیا دودھ دینے والی گائیں بنائیں تو نے چڑھنے کو میرے گھوڑا کیا خوش عناں بنایا
رحمت سے تیری کیا کیا ہیں نعمتیں میسر ان نعمتوں کا مجھ کو ہے قدر داں بنایا
آب رواں کے اندر مچھلی بنائی تو نے مچھلی کے تیرنے کو آب رواں بنایا
ہر چیز سے ہے تیری کاری گری ٹپکتی یہ کارخانہ تو نے کب رائیگاں بنایا

مثنویات

حمد باری تعالیٰ

خدایا اول و آخر بھی تو ہے — خدایا ظاہر و باطن بھی تو ہے
وہ اول تو کہ نا محرم بدایت — وہ آخر تو کہ نا پیدا نہایت
نہیں اول کو آخر سے جدائی — ورائے عقل ہے تیری خدائی
جو آخر ہے وہی اول بھی تھا تو — وہی جو آج ہے سو کل بھی تھا تو
ہے تیرا اول و آخر مطابق — نہ تیرے ساتھ لاحق ہے نہ سابق
جو اول ہے تو پہلے اور تھا کون — جو آخر ہے تو پیچھے رہ گیا کون
جو باطن ہے تو باطن کا پتا کیا — جو ظاہر ہے تو ہے تیرے سوا کیا
ہے تو باطن میں ظاہر بلکہ اظہر — بظاہر بن گیا تو عین مظہر
ترا اخفا ہے گویا عین اظہار — ترا اظہار ہے اخفائے اسرار
کھلا جتنا ہوا اتنا ہی مستور — چھپا جتنا رہا کھلتا بدستور
ازل سے تا ابد ہے ایک ہی شان — ترا طغرا ہے الآن کما کان
مبرا قید اور اِطلاق سے تو — منزہ انفس و آفاق سے تو
مگر میں ہے تو عین مطلق — نہ جامد ہے نہ مصدر ہے نہ مشتق
مقید میں مقید ہے تری ذات — نہیں ہوتا کسی خانہ میں تو مات
ہے اصل روح تو روحانیوں میں — ہے قید جسم تو جسمانیوں میں
اگر ناسوت میں ہے موج پر جوش — تو ہے لاہوت میں دریائے خاموش
اگر جبروت میں بانگ انا ہے — صف ارواح میں حمد و ثنا ہے
تو ہی ہے علم و عالم بلکہ معلوم — تو ہی ہے رحم و راحم بلکہ مرحوم
تجھے نسبت ہے لاشے سے نہ شے سے — غنی ہے تو نہیں سے اور ہے سے

تری وحدت میں کثرت ہے نمودار
که بے کثرت نہیں وحدت کا اظہار

نہ ہو وحدت تو کثرت بھی عدم ہے
حدوث آئنہ حسن قدم ہے

زمین و آسماں کا نور ہے تو
مگر خود ناظر و منظور ہے تو

سوا تیرے نہیں موجود کوئی
نہ عابد ہے نہ ہے معبود کوئی

ازل سے دائم المعروف ہے تو
ابد تک خود بخود موصوف ہے تو

تری رحمت ہے یہ جلسے دکھاتی
ہے قہاری تری سب کو مٹاتی

مسلم ہے تجھی کو حکم رانی
کہ تیری سلطنت ہے جاودانی

ہو الموجود ہے تجھی سے عبارت
ہو المقصود ہے تجھ سے اشارت

احد ہے تو نہیں زنہار معدود
صمد ہے تو نہ والد ہے نہ مولود

عیاں دیکھا تو پہونچا غیب ہُو میں
نہاں ڈھونڈا تو آیا رنگ و بو میں

نہ پایا ہے نہ پائے گا کبھی تو
کہ ہے معروف و عارف آپ ہی تو

تصور قرب کا دوری ہے تجھ سے
خیال بعد مہجوری ہے تجھ سے

نہ دوری ہے نہ نزدیکی نہ مابین
عبارت منقطع لا غیر و لا عین

حقیقت سے نہیں ہے کوئی آگاہ
مشبہ اور موحد ہیں سب گمراہ

نہ ہو جب فرق ہی تو راہ کیوں ہو
نہ ہو کوئی تو پھر آگاہ کیوں ہو

پتا لگتا نہیں تنزیہ میں بھی
خبر ملتی نہیں تشبیہ میں بھی

یہ ہنگامہ اور اس پر بے نشانی
ہوا ہے عقل کل کا خون پانی

تیمم کر کہ خاکستر ہے دریا
لگا غوطہ کہ ہے گرداب صحرا

نہ صحرا ہے نہ دریا ہے نہ میں تو
نہ یاد و بود باقی ہے نہ ہا ہو

صنائعِ الٰہی

خدایا نہیں کوئی تیرے سوا
اگر تو نہ ہوتا تو ہوتا ہی کیا

تصور تیری ذات کا ہے محال
کسے یہ سکت اور کہاں یہ مجال

تعقل میں اتنی صفائی کہاں
تفکر کو ایسی رسائی کہاں

یہاں عقل جاتی ہے آئی ہوئی
تخیل پہ ہیبت ہے چھائی ہوئی

تفکر کے جلتے ہیں پر اس جگہ
تصوّر کا کٹتا ہے سر اس جگہ

کسی کی یہاں دال گلتی نہیں
کسی کی یہاں چال چلتی نہیں

نہ ٹھہری کوئی ناؤ اس موج میں
نہ پہنچا کوئی تیر اس اوج میں

جلا اس ہوا میں نہ کوئی چراغ
پریشاں ہوئے دل تھکے سب دماغ

جو ہوتی مشابہ ترے کوئی چیز
تو کچھ کام کرتی سمجھ باتمیز

ترا کوئی ہم جنس و ہمتا نہیں
گماں کا یہاں پاؤں جمتا نہیں

سمجھ کیا ہے اور سمجھ کی کیا بساط
سمندر سے قطرہ کا کیا ارتباط؟

چلی بوند لینے سمندر کی تھا
یکایک لیا موج نے اس کو کھا

ہوئی آپ ہی گم تو پائے کسے؟
بتائے وہ کیا اور جتائے کسے؟

اگر تیری قدرت کی کاریگری
نہ کرتی سمجھ بوجھ کی رہبری

تو وہ سر پٹکتی ہی رہتی مدام
طلب میں بھٹکتی ہی رہتی مدام

بنائی ہے تو نے یہ کیا خوب چھت
کہ ہے سارے عالم کی جس میں کھپت

یہ سقف کہن ہے ابھی تک نئی
اسے دیکھتی یوں ہی دنیا گئی

زمیں پر گئیں کتنی نسلیں گزر
رہی اس کی ہیبت پہ سب کی نظر

اسے سب نے پایا اسی ڈھنگ میں
اسے سب نے دیکھا اسی رنگ میں

عجب ہے، یہ خیمہ رسن ہے نہ چوب — ہمیشہ مصفا ہے بے رفت و روب
نہ در ہے نہ منظر نہ کوئی شگاف — اِدھر سے اُدھر تک ہے میدان صاف
جھروکا نہ کھڑکی نہ در ہے نہ چھید — عجب تیری قدرت عجب تیرے بھید
کہیں جوڑ ہے اور نہ پیوند ہے — جدھر دیکھیے اس طرف بند ہے
بنایا ہے کیا دست قدرت نے گول — چرس ہے نہ جھری نہ سلوٹ نہ جھول
عجب قدرتی شامیانہ ہے یہ — نظر کی پہنچ کا ٹھکانہ ہے یہ
ہوا کو دیا تو نے کیا خوب رنگ — سراسیمہ ہے عقل اور فکر دنگ
پرے اس کی حد سے نہ جائے نظر — جہاں تک نظر جائے آئے نظر
یہ تارے جو ہیں آتے جاتے ہوئے — چمکتے ہوئے جگمگاتے ہوئے
نظر آ رہے ہیں عجب شان سے — ہیں لٹکے ہوئے سقف ایوان سے
چراغ ایسے روشن جو بن تیل ہیں — یہ تیری ہی قدرت کے سب کھیل ہیں
یہ لعل و گہر ہیں جو بکھرے پڑے — زمیں سے بھی ہیں ان میں اکثر بڑے
کوئی ان میں سورج کوئی ان میں چاند — کہ ماہ خور ہیں سامنے جن کے ماند
نظر میں جو اتنے سے آتے ہیں یہ — بہت دور چکر لگاتے ہیں یہ
پڑے اپنے چکر میں ہیں گھومتے — ترے حکم کے ذوق میں جھومتے
یہ قائم ہیں تیری ہی تقدیر سے — بندھے ہیں بہم سخت زنجیر سے
گھسے جو کبھی اور نہ ٹوٹے کبھی — نہ اس بند سے کوئی چھوٹے کبھی
رسائی سے ہاتھوں کی برتر ہے وہ — نظر کے بھی قابو سے باہر ہے وہ
نہ سیمیں نہ زریں نہ وہ آہنی — مگر دست قدرت سے ہے وہ بنی
کھلے کب، کوئی اس کو کھولے اگر — اسے عقل پائے ٹٹولے اگر
وہ زنجیر کیا ہے کشش باہمی — نہ اس میں خلل ہو نہ بیشی کمی

عجب تو نے باندھی ہے یہ باگ ڈور
تلا سب کا رہتا ہے آپس میں زور

یہ سب لگ رہے ہیں اس لاگ پر
لگاتے ہیں چکر اسی باگ پر

ہر اک کے لیے اک معین ہے دور
وہی اک وتیرہ وہی ایک طور

نشہ میں اطاعت کے سب چور ہیں
کہ قانون قدرت سے مجبور ہیں

سدا چال کا ایک انداز ہے
نہ کھٹکا نہ آہٹ نہ آواز ہے

کبھی چلتے چلتے ٹھٹکتے نہیں
طریقہ سے اپنے بھٹکتے نہیں

ہے ان سب کا آئین ایجاد ایک
ہنر ایک ہے اور استاد ایک

یہ شاخیں ہیں سب ایک ہی اصل کی
بہاریں ہیں کل ایک ہی فصل کی

ہر اک چیز ذرہ سے تا آفتاب
بلاشبہ رکھتی ہے یکساں حساب

ہیں ذروں میں خورشید کی سی صفات
ہے خورشید بھی ذرۂ کائنات

حقیقت میں ہے یاں دو رنگی کہاں
جہاں ذرہ ہے اور ذرہ جہاں

نہیں تیری قدرت سے کچھ یہ بعید
کہ ہو ہر ستارہ جہان جدید

نہیں تیرے لطف و کرم سے عجب
کہ ہو اس جہاں میں بھی مخلوق سب

ہو گرمی بھی سردی بھی برسات بھی
اندھیرا اجالا بھی دن رات بھی

یہ ندی یہ نالے سمندر یہ پہاڑ
یہی بیل بوٹے درخت اور جھاڑ

ہوا بھی ہو اور لطف باراں بھی ہو
خزاں بھی ہو فصل بہاراں بھی ہو

ہو سر پر اسی طور سے آسماں
ہو پاؤں کے نیچے زمیں بھی وہاں

فلک پر ستارے بھی ہوں جلوہ گر
وہاں بھی ہو دوران شمس و قمر

ہوں انسان بھی اور حیوان بھی
ہر اک جنس کا ساز و سامان بھی

خدا کی صنعت

جو چیز خدا نے ہے بنائی — اس میں ظاہر ہے خوشنمائی
کیا خوب ہے رنگ ڈھنگ سب کا — چھوٹی بڑی جس قدر ہیں اشیا
روشن چیزیں بنائیں اس نے — اچھی شکلیں دکھائیں اس نے
ہر چیز کی ادا ہے نرالی — حکمت سے نہیں ہے کوئی خالی
ہر چیز ہے ٹھیک ٹھیک لاریب — ہیں اس کے تمام کام بے عیب
ننھی کلیاں چٹک رہی ہیں — چھوٹی چڑیاں پھدک رہی ہیں
اس کی قدرت سے پھول مہکے — پھولوں پہ پرند آ کے چہکے
چڑیوں کے عجیب پر لگائے — اور پھول ہیں عطر میں بسائے
چڑیوں کی ہے بھانت بھانت آواز — پھولوں کا جدا جدا ہے انداز
محلوں میں امیر ہیں بہ آرام — ہے در پہ کھڑا غریب ناکام
ہے کوئی غنی تو کوئی محتاج — بے گھر ہے کوئی کسی کے گھر راج
روزی دونوں کو دی خدا نے — معمور ہیں قدرتی خزانے
تاروں بھری رات کیا بنائی — دن کو بخشی عجب صفائی
موتی سے پڑے ہوئے ہیں لاکھوں — ہیرے سے جڑے ہوئے ہیں لاکھوں
کیا دودھ سی چاندنی ہے چھٹکی — حیران ہو کر نگاہ ٹھٹکی
تارے رہے صبح تک نہ وہ چاند — آگے سورج کے ہو گئے ماند
نیلا نیلا اب آسمان ہے — وہ رات کی انجمن کہاں ہے
شام آئی تو اس نے پردہ ڈالا — پھر صبح نے کردیا اجالا
جاڑا ، گرمی ، بہار ، برسات — ہر رت میں نیا سماں نئی بات
جاڑے سے بدن ہے تھرتھراتا — ہر شخص ہے دن میں دھوپ کھاتا

سردی سے ہیں ہاتھ پاؤں ٹھٹھرتے
سب لوگ الاؤ پر ہیں گرتے

سرسوں پھولی بسنت آئی
ہولی پھاگن میں رنگ لائی

پھوٹیں نئی کونپلیں شجر میں
اک جوش بھرا ہوا ہے سر میں

جاڑے کی جو رت پلٹ گئی ہے
دن بڑھ گیا رات گھٹ گئی ہے

گرمی نے زمین کو تپایا
بھانے لگا ہر کسی کو سایہ

برسات میں دَل ہیں بادلوں کے
ٹھنڈی ٹھنڈی ہوا کے جھونکے

رَو آئی ہے زور شور کرتی
دامان زمین کو کترتی

کس زور سے بہہ رہا ہے نالا
اونچے ٹیلے کو کاٹ ڈالا

بل کھا کے ندی نکل گئی ہے
رخ اپنا ادھر بدل گئی ہے

دریا ہے رواں پہاڑ کے پاس
بستی ہے بسی اجاڑ کے پاس

بستی کے ادھر ادھر ہے جنگل
جنگل ہی میں ہو رہا ہے منگل

مٹی سے خدا نے باغ اگائے
باغوں میں اسی نے پھل لگائے

میوے سے لدی ہوئی ہے ڈالی
دانوں سے بھری ہوئی ہے بالی

سبزے سے ہرا بھرا ہے میدان
اونچے اونچے درخت ذی شان

ہم کھیلتے ہیں وہاں کبڈی
مبری ہے کوئی، کوئی ہے پھسڈی

گائے بھینسیں عجب بنائیں
کیا دودھ کی ندیاں بہائیں

پیدا کیے اونٹ بیل گھوڑے
ہر شے کے بنا دیے ہیں جوڑے

روشن آنکھیں بنائیں دو دو
قدرت کی بہار دیکھنے کو

دو ہونٹ دیے کہ منہ سے بولیں
شکر اس کا کریں زبان کھولیں

ہر شے اس نے بنائی نادر
بیشک ہے خدا قوی و قادر

خطبۂ اوّل

حمد و سپاس حصہ اس ذات پاک کا ہے
جو آسرا سہارا کل کائنات کا ہے

جب کچھ نہ تھا وہی تھا اس کے سوا نہ تھا کچھ
کچھ ہو نہ ہو وہ ہوگا، قدرت ہے اس کی کیا کچھ

کن خوبیوں سے اُس نے اِس بزم کو سجایا
اور خلعت شرافت انسان کو پنہایا

اللہ رے اس کی قدرت، اللہ رے بے نیازی
دی بعض کو یہ نسبت بعضوں کے سرفرازی

پھر خاص خاص بندے جو اس نے چن لیے ہیں
کیا کیا بلند رتبے ان کو عطا کیے ہیں

یاں بندگی ہے اور واں بندہ نوازیاں ہیں
یاں سر جھکا ہوا ہے واں سرفرازیاں ہیں

انسان ہی نہ ہوتا جو بندگی نہ ہوتی
اندھیر تھا جو دل میں یہ لو لگی نہ ہوتی

طاعت کا آدمی کو فرمان کیوں ملا ہے
بے حد وہاں مہیا انعام اور صلہ ہے

ہے اذن عام لوگو، خوان کرم پہ ٹوٹو
بھر بھر کے جھولیاں لو ، دوڑو ثواب لوٹو

تم بھی نہیں ہو محروم ، آؤ گناہ گارو
گر صدق دل سے اپنے غفار کو پکارو

تو پاؤ گے ہمیشہ توبہ کا در کھلا تم
رحمت ہے اس کی بے حد کرتے ہو فکر کیا تم

ہر وقت باڑھ پر ہے لطف و کرم کا دریا
دو چار ہاتھ مارو ، لگتا ہے پار کھیوا

پھر اس کی نعمتیں ہیں اور عیش ہیں جناں کے
افسوس۔ جو نہ مانیں گن ایسے مہرباں کے

میں حمد اس کی ہر دم کرتا ہوں جان و دل سے
اور شکر ہے ٹپکتا اس میری آب و گل سے

میں اس کی مغفرت کا ہوں جی سے آرزومند
توبہ ہے اس کے آگے، توبہ کا در نہیں بند

میں اس سے چاہتا ہوں دنیا میں تندرستی
دے اپنی راہ میں وہ میرے قدم کو چستی

بادل برس پڑے کاش اس کی عنایتوں کا
ابلے زمین دل سے چشمہ ہدایتوں کا

رہنا گواہ تم بھی دیتا ہوں میں شہادت
ہے پاک ذات اس کی بس قابل عبادت

اس کے سوا تو کوئی معبود ہی نہیں ہے
ہاں اس کے ہوتے کوئی موجود ہی نہیں ہے

یکتا ہے وہ۔کہاں ہے؟ اس کا شریک کوئی
میرے ہر ایک دکھ کی کرتا ہے چارہ جوئی

ہاں! یہ بھی سن رکھو تم دیتا ہوں میں گواہی
ہادی مرا محمد (صلی اللہ علیہ وآلہٖ وسلم) ہے بندۂ الٰہی

تاج رسالت اس کے سر پر خدا نے رکھا
اوروں سے اس کو برتر صدق وصفا نے رکھا

اس کو خدا نے اپنا پیغام بر بنایا
بے کم و کاست اس نے جو حکم تھا سنایا

وہ خاتم نبوت وہ سرور دو عالم
درگاہ ایزدی کا تھا اک سفیر اعظم

حلم و وقار و نرمی خوش خوئی مہربانی
پیغمبری کی اس میں تھی یہ کھلی نشانی

خطبۂ دوم

لوگو! سنو کہ کوچ کی ساعت قریب ہے
جو جمع کرلے توشہ وہی خوش نصیب ہے

جی بندگیٔ حق سے چراتے ہو واہ وا
حالانکہ دوستی کا بھی کرتے ہو ادعا

دوزخ سے نفرت اور افعال زشت بھی
کوتک تو ایسے اور امید بہشت بھی

دیں کا معاملہ ہو تو گویا ہیں نیم جاں
دنیا کے کاروبار میں یہ جاں فشانیاں

دارالبقا کا بھول گئے اہتمام تم
دارالفنا کو سمجھے ہو اپنا مقام تم

واللہ ہو گئی ہے تمہاری سمجھ خراب
پوچھا گیا وہاں تو بھلا دوگے کیا جواب

افسوس اس سمجھ پہ عجب پُر غرور ہو
موت آ رہی ہے تم ابھی غفلت میں چور ہو

سوتے ہیں زیر خاک پڑے کس قدر عزیز
تم اپنے مست عیش ہو کرتے نہیں تمیز

چھوٹے بھی اور بڑے بھی جو تم سے تھے چل بسے
کیا سمجھے ہو؟ رہیں گے تمہارے محل بسے

ہیہات ان کے حال سے عبرت نہیں تمہیں
تحصیل جاہ و مال سے فرصت نہیں تمہیں

قراں سنو! تو ہو تمہیں اس بات پر عبور
اللہ کی طرف ہمیں جانا ہے بالضرور

اللہ کا کلام ہے سب سے بلیغ تر
مالک ہے سب کا، ہے اسے ہر بات کی خبر

قران پاک کوئی پڑھے تو سنو خموش
اللہ تم پہ رحم کرے ہے وہ عیب پوش

حیات وکلیاتِ اسماعیل میرٹھی کے مطابق یہ دونوں خطبے خان بہادر ڈپٹی محمد صدیق صاحب رئیس میرٹھ کی فرمائش پر لکھے گئے تھے جب کہ ان کا تعلق سرکار نظام سے تھا۔

مثنوی فی العقائد

ذات حق اپنے آپ میں ہے موجود
کوئی اس کے سوا نہیں معبود

اس کا جوڑا نہیں مثال نہیں
اس کو گھاٹا نہیں زوال نہیں

اس کا جو وصف ہے سو کامل ہے
نہ کسی سے جدا نہ شامل ہے

اس کا ساجھی نہیں شریک نہیں
اور کو مانیے تو ٹھیک نہیں

جانتا ہے وہ ان ہوئی باتیں
دیکھتا ہے ڈھکی چھپی گھاتیں

ہے وہ بے آنکھ دیکھتا سب کو
ہے وہ بے کان سنتا مطلب کو

اپنی مرضی سے وہ کام کرتا ہے
بے زباں وہ کلام کرتا ہے

اونگھتا ہے کبھی نہ سوتا ہے
سب ارادہ سے اس کے ہوتا ہے

وہ قوی ہے کبھی نہیں تھکتا
وہ ہر اک چیز کو ہے کر سکتا

زندہ ہے زندگی کا مالک ہے
جو ہے اس کے سوا سو ہالک ہے

کہہ سکے کون اس کو کیسا ہے — آپ ہی جانتا ہے جیسا ہے
اس نے یہ آسماں بنایا آپ — اس نے فرش زمیں بچھایا آپ
کیسے اونچے پہاڑ اس نے کھڑے — میخ کی طرح جو زمیں میں گڑے
اس نے بادل سے بوند ٹپکائی — اس نے پانی پہ ناؤ تیرائی
مردہ مٹی میں اس نے ڈالی جان — لہلہائے ہرے بھرے میدان
ہے مسلّم اسی کو سلطانی — عرش اعظم ہے تخت ربانی
ہے وہی ، تھا وہی ، وہی ہوگا — کون اس کی برابری جوگا
جس کو چاہے کرے ملیامیٹ — نہیں اس کو کسی سے لاگ لپیٹ
اس نے پیدا کیا ہے عالم کو — آسماں کو زمین کو ہم کو
اس کا احسان و فضل ہے دن رات — اس پہ واجب نہیں ہے کوئی بات
خاتم انبیا محمد (صلی اللہ علیہ وآلہ وسلم) ہے — جس کا احسان ہم پہ بے حد ہے
اس نے حکم خدا کیا تلقین — تھا وہ اللہ کا رسول امین
اس نے تعمیل حکم کر دی ہے — ٹھیک ہے، اس نے جو خبر دی ہے
دل سے مانو جو عقل بینا ہے — کہ موئے بعد پھر بھی جینا ہے
زندگی جس نے دی ہے اول بار — دوسری بار دے تو کیا دشوار
بعد مرنے کے حشر کا ہونا — ہے مثال اس کی جاگنا سونا
اس کی ہستی سے سب کی ہستی ہے — خلقت اس کی بسائی بستی ہے

☆ یہ مثنوی ۱۸۷۰ء کو میرٹھ میں قلم بند کی گئی۔

مناجات

خداوندگارا جہازِ جہاں — ہے تیری مشیت کی رو میں رواں
سمندر ہے قدرت کا تیری بڑا — اور اس بحر میں یہ سفینہ پڑا
ہم اس میں سفر ختم کرتے ہوئے — مسافر ہیں چڑھتے اترتے ہوئے
تو ہی اس سفینہ کا ہے نا خدا — ہمارے تردد سے ہوتا ہے کیا
ترے حکم سے گرم رفتار ہے — مسافر کا اندیشہ بے کار ہے
جدھر تو جھکائے ادھر وہ جھکے — جہاں روک دے تو وہاں وہ رکے
جو ملاح تو ہے تو گھبرائیں کیوں ؟ — نگہبان تو ہے تو چلائیں کیوں ؟
نہیں موج و طوفان کا کچھ خطر — کہ تو آپ ہے راہ رو راہ بر
ازل سے ابد تک ہے بس تو ہی تو — ترا جلوہ ہے عالم رنگ و بو
نہ ہوتا اگر تیرا لطف نہاں — تو ہم بزم ہستی میں ہوتے کہاں
ہیں تیری حمایت میں محفوظ سب — ہیں تیری عنایت سے محظوظ سب
نہ تھا عہد طفلی میں کچھ بھی وقوف — تو ہی پالتا تھا ہمیں اے رؤف
سبھی آفتوں سے بچایا ہمیں — کھلایا پلایا بڑھایا ہمیں
دیے تو نے ماں باپ کیسے شفیق — مہیا کیے تو نے کیا کیا رفیق
ہماری نہ کوشش نہ تدبیر تھی — ترا حکم تھا تیری تقدیر تھی
مگر جب سے پیدا ہوا کچھ شعور — تو جمعیتِ دل میں آیا فتور
غلط کار تھی یہ ہماری نظر — کہ ہم اپنی کوشش کا سمجھے اثر

ہمارے تشخص نے کھویا ہمیں
ہماری خودی نے ڈبویا ہمیں

پڑے حرص دنیا کے گرداب میں
رہے مبتلا اس شکر خواب میں

تردّد میں غوطے لگایا کیے
تصوّر میں شکلیں بنایا کیے

ہوا ہم کو دیوانگی کا خلل
یہ تھوڑی سی فرصت یہ طول اَمل

نہ سمجھا کبھی ہائے اپنا حساب
کہ ہم موج ہیں بحر ہیں یا حباب

کہاں سے ہم آئے کدھر جائیں گے
جئیں گے بھی کل تک کہ مر جائیں گے

یہ دنیا کے دھندے معیشت کا غم
یہ دولت کے چسکے یہ جاہ و حشم

یہ عزت کی خواہش یہ راحت کی چاہ
ہمارے لیے بن گئیں سنگ راہ

تعلق کے پھندوں میں ہم پھنس گئے
تکلف کی دلدل میں ہم دھنس گئے

ہمیں نفس نے سخت دھوکا دیا
نہ کرنا تھا جو کام ہم نے کیا

گئی رائیگاں مفت عمر عزیز
نہ کی چیز ناچیز میں کچھ تمیز

گیا وقت اور ہاتھ آیا نہ کچھ
بہت کھو کے بھی ہم نے پایا نہ کچھ

یہ دنیا کہ دھوکے کی ٹٹی ہے سب
ہمیشہ رہی ہم کو اس کی طلب

دیا مشک خالص کو مٹی کے بھاؤ
بگڑنے کو سمجھا کیے ہم بناؤ

جسے عیش سمجھے تھے نکلا عذاب
جسے آب سمجھے تھے پایا سراب

دیے بے بہا لعل ہم نے فضول
عوض میں لیا کیا؟ یہی خاک دھول

جواہر دیے سنگ ریزے لیے
نکمے کیے کام جتنے کیے

مگر بھیس میں گل کے آیا تھا خار
خزاں بن کے آئی تھی فصل بہار

جسے اصل سمجھے تھے بے اصل تھا
جسے وصل سمجھے تھے وہ فصل تھا

یہ تھا مرحلہ جس کو سمجھے تھے گھر
مہیا کیا کچھ نہ زاد سفر

کٹی عمر غفلت میں اپنی تمام
گیا دن گزر ہونے کو آئی ہے شام

پڑے بے خبر ہائے سوتے رہے
عبث نقد اوقات کھوتے رہے

کھلا بھید ہم پر نہ اس بات کا
کہ ہے یہ تماشا طلسمات کا

نہ سمجھے کہ ہے شعبدہ یہ جہاں
نیا سانگ ہوتا ہے ہر دم یہاں

توہُّم نے رستہ بھلایا ہمیں
کہ فانی کو باقی دکھایا ہمیں

یہ تیری ہی قدرت کا نیرنگ ہے
کہ نابود میں بود کا ڈھنگ ہے

سنے اس چمن میں عجب چہچہے
کہ چلتے مسافر کھڑے ہو رہے

ہے استادِ کامل کی بازی گری
کہ خالی تھی مٹھی دکھا دی بھری

کھلایا سر راہ کیسا چمن
ہوا راہ رو کے لیے راہ زن

ہوس نے مچائی عجب دھوم دھام
سفر کو سمجھنے لگے ہم قیام

عجب نیستی نے دکھائی بہار
کہ پھولوں کے بدلے چنے ہم نے خار

گیا قافلہ دور ہم چھٹ گئے
چلے ایسے رستے کہ بس لٹ گئے

بسا اپنے کانوں میں ہے ایسا رس
سنائی نہ دی ہم کو بانگ جرس

کیا ناتوانی نے اب چور چور
ہوا وقت نا وقت منزل ہے دور

سفر کیونکہ تنہا کروں رات میں
لگے چور ہیں ہر طرف گھات میں

جو ٹھہروں تو بستی ہے بالکل اجاڑ
کھنڈر اور ویرانہ جنگل پہاڑ

نہ رہنے کا یارا نہ چلنے کی تاب
خداوندگارا، خبر لے شتاب

خدایا، کوئی یار و یاور نہیں
مگر تو کہ موجود ہے ہر کہیں

خدایا، نہیں ہے کوئی چارہ گر
مگر تو کہ ہے تجھ کو سب کی خبر

خدایا،نہیں ہے کوئی دستگیر
مگر تو کہ ہے تو سمیع و بصیر

خدایا، نہیں ہے کوئی غمگسار
مگر تو کہ ہے سب کا پروردگار

ازل میں نہ تھا میں نہ میری دعا
ترا لطف تھا اور تیری عطا

دیا جسم بھی تو نے اور جان بھی
دیا زندگانی کا سامان بھی

کیا تو نے آراستہ یہ مکاں
بلایا کرم سے ہمیں میہماں

کیا میہمانی کا سامان خوب
مرتب کیا خوان الوان خوب

ہوائے لطیف اور آب زلال
دیے اپنے مہمان کو بے سوال

دیے خاک نے کیا ذخیرے اگل
خوش آئندہ پھول اور پسندیدہ پھل

دیے جس نمونہ کے دانے بکھیر
اسی جنس کا لگ گیا ایک ڈھیر

یہ عمدہ غذا اور فاخر لباس
یہ رہنے کو ایوان محکم اساس

بتانے کو رستہ دیے راہ بر
بلایا جنھوں نے تری راہ پر

نہ ہے کوششوں کا ہماری صلہ
عنایت سے تیری ملا جو ملا

دیا تو نے کیا کچھ بغیر التماس
غرض تیرے الطاف ہیں بے قیاس

لجاجت سے خاموش کیونکر ہوں میں
کہ تیری عنایت کا خوگر ہوں میں

بھلا اب کروں وہم و وسواس کیوں
قبول دعا کی نہ ہو آس کیوں

شہنشاہ کا جب کرم عام ہو
تو درویش کو کیوں نہ ابرام ہو

وہ غم دے کہ ہو جائیں سب غم غلط
نہ ہو اور کچھ تو ہی تو ہو فقط

نہ کچھ فکر شادی و غم کا رہے
نہ کچھ دغدغہ بیش و کم کا رہے

چلیں شادی و غم کے جھونکے ہزار
مرے دل کو جنبش نہ ہو زینہار

اگر غرق طوفاں ہو کل کائنات
نہ پھسلے کبھی میرا پائے ثبات

ترے لطف کا ہو سہارا اگر
تو غالب ہو تنکا بھی سیلاب پر

جو تیری حمایت کا فانوس ہو
تو آندھی سے کیا خوف ہے شمع کو

اگر فضل کا تیرے لنگر ملے
تلاطم سے ہر گز نہ کشتی ہلے

جو تیری مدد ناخدائی کرے
تو پھر کوئی طوفان سے کیوں ڈرے

مرے دل پہ برسا دے ایسی پھوار
کہ دب جائے غفلت کا گرد و غبار

مرے دل کو اوہام سے پاک کر
مجھے اپنے رستہ میں چالاک کر

تیقن کا یا رب نکال آفتاب
توہم کا دل سے اٹھا دے حجاب

ترے عشق سے گرم سینہ رہے
نہ مرنا رہے اور نہ جینا رہے

کہوں درد دل کس سے اے بے نیاز
نہیں کوئی تیرے سوا چارہ ساز

جلا دے معاصی کے سب خار و خس
ہے نار محبت کا اک شعلہ بس

خدایا وہ کامل نظر دے مجھے
کہ میں ذرہ ذرہ میں دیکھوں تجھے

مرے سر کو تسلیم کا تاج دے
مجھے قرب کی اپنے معراج دے

ریاض رضا کی دکھا دے بہار
شکایت کا دل سے مٹا دے غبار

رہے کچھ نہ فکر کثیر و قلیل
پڑھوں حسبی اللہ نعم الوکیل

مجھے صبر دے جو کبھی کم نہ ہو
بلاؤں کے حملہ کا کچھ غم نہ ہو

خدایا عطا کردہ نیت کھری
طمع سے منزہ ریا سے بری

مجھے صدق دے حسن اخلاص دے
مجھے فضل کا خلعت خاص دے

مرے عزم کو شوق کے پر لگا
کہ دوں بازی عشق میں سر لگا

تمنا ہے جب تک رہے دم میں دم
طلب میں رہوں تیری ثابت قدم

میں سوؤں تو سوؤں تری فکر میں
میں جاگوں تو جاگوں تیرے ذکر میں

لگا دے مرے منہ سے وہ جام پاک
پڑھے ہر بُن مو ترا نام پاک

رہے دھیان میں کچھ نہ دوزخ بہشت
تری دید بن جائے میری سرشت

مجھے رنگ دے پاؤں سے تا بفرق
خُمِ صبغۃ اللہ میں کر کے غرق

مرے دل سے زنگ دوئی دور کر
مرے دل کو وحدت سے معمور کر

نہ لیلیٰ رہے اور نہ مجنوں رہے
فقط عشق کا ایک مضموں رہے

رہے عشق میں رات دن سوز و ساز — کروں شوق کی میں حکایت دراز
دیارِ محبت سے چل اے نسیم — سنگھا دے گلِ معرفت کی شمیم
گلستاں نہیں پنکھڑی ہی سہی — ہمیشہ نہیں دو گھڑی ہی سہی
سنا دے طیورِ صفا کی چہک — گلِ معرفت کی اڑا لا مہک
نکالوں کلیجہ سے ہجراں کا خار — مَلوں منہ پہ گلگونۂ وصلِ یار
یقیں کی لپٹ سے بسا دے دماغ — طریقِ وطن کا لگا دے سراغ
پڑی کنجِ فرقت میں ہے عندلیب — نہیں سیرِ گلزار اس کو نصیب
قفس میں کرے تابکے اعتکاف — کرا دے حطیمِ چمن کا طواف
لگے روضۂ اُنس کی جب ہوا — تو ہوں پچھلے شکوے گلے سب ہوا
ہوا و ہوس سے دل برباد ہو — ترا شغل ہو اور تری یاد ہو
نہ ساغر رہے نہ ساقی رہے — سوا تیرے کوئی نہ باقی رہے
نگاہوں میں ہو جلوہ گر تو ہی تو — ہر اک گل میں پاؤں ترا رنگ و بو
کروں فہم تجھ کو ہر اک بات سے — سنوں تیرا نغمہ جمادات سے
چڑھے جام وحدت کا ایسا خمار — کہ اغیار سمجھوں کسی کو نہ یار
کہوں اور سنوں خود بنوں چشم و گوش — مری بےخودی پہ ہوں قربان ہوش
ترا جلوہ دیکھوں نہاں اور عیاں — نہ پائے مگر مجھ کو میرا نشاں
تری یاد میں محو ہو جاؤں میں — کسی شے کو ڈھونڈوں تجھے پاؤں میں
ملے مجھ کو ہرگز نہ میرا پتا — نہ سمجھوں کہ میں کون تھا اور کیا
تیرے بادۂ عشق سے ہو کے مست — سنوں گوشِ جاں سے ندائے الست
رہے ماسوا کا نہ ذرہ خیال — مجھے ایک ہو جائے ماضی و حال
خلا اور ملا میں نہ ہو وہم غیر — کروں بےخودی میں خدائی کی سیر

مرے وصف بن جائیں تیری صفات
مری زیست ہو جائے تیری حیات

یہاں تک میں یکساں اور یکسو بنوں
کہ تو میں بنے اور میں تو بنوں

بصارت ہو تیری بصارت میں غرق
سماعت ہو تیری سماعت میں غرق

مری بات بن جائے تیرا کلام
مری چال ہو جائے تیرا خرام

مٹے وہم باطل نظر آئے حق
پڑھوں پتے پتے سے تیرا سبق

چمک تیری دیکھوں ہر اک سنگ میں
سنوں راگ تیرا ہر آہنگ میں

تری شان پاؤں ہر انداز سے
ترا لہجہ سمجھوں ہر آواز سے

لگا دل پہ درد محبت کی چوٹ
جو پتا بھی کھڑکے تو میں جاؤں لوٹ

جو بلبل کا نغمہ پڑے کان میں
تو ہو شور برپا مری جان میں

نوا سنج ہو طوطی سبز پر
تو میں اپنی ہستی سے جاؤں گزر

جو شاخوں پہ قمری کی کوں کوں سنوں
تری یاد میں اپنے سر کو دھنوں

جو گلشن میں دیکھوں کہ ہیں گل کھلے
ترے ذوق میں میری گردن ہلے

کرے چہچہے طائروں کا ہجوم
گروں وجد میں خاک پر جھوم جھوم

جو دیکھوں کہ ہلتی ہے شاخ نہال
گزر جائے پردوں سے میرا خیال

جو دیکھوں میں تاروں بھری رات کو
کروں دل سے ساقط اضافات کو

چمکتے ہوئے دیکھ کر مہر و ماہ
کروں پیروِ خلیلِ اللہ

رہِ راست کی کر ہدایت مجھے
سلامت روی کر عنایت مجھے

غضب سے ترے مانگتا ہوں پناہ
الگ ان سے رکھ جو گئے بھول راہ

اگر مغفرت سے نہ پیش آئے تو
اگر مجھ پہ نہ رحم فرمائے تو

تو میرا ٹھکانہ نہیں پھر کہیں
نہ دنیا نہ عقبیٰ نہ ایمان و دیں

مجھے اپنی دانش کا ساغر پلا
رہے تشنگی کا نہ باقی گلا

نہ چھوڑوں گا دامن ترا اے کریم
ترا لطف شامل ہے رحمت عمیم

خدایا مری خواہشوں پر نہ جا
جو تیری رضا ہے وہی ہے بجا

تقاضا مرا سخت معیوب ہے
جو مرضی ہے تیری وہی خوب ہے

تری ذات دانائے اسرار ہے
سبھی نیک و بد سے خبردار ہے

کر اپنی ہی مرضی سے رد و قبول
کہ سائل ہے تیرا ظلوم و جہول

وہی خوب ہے جو ہے تجھ کو پسند
ہو آسودگی ظاہرا یا گزند

جس احوال سے تو رضامند ہے
اگر زہر بھی ہو تو گلقند ہے

بقولِ نظامیؔ ِ غفراں مآب
رکھ اپنے ہی قبضے میں میرا حساب

سپردم بتو مایۂ خویش را
تو دانی حساب کم و بیش را

کروں کس لیے غم رہوں کیوں اداس
کہ تو شاہ رگ سے زیادہ ہے پاس

زہے قرب تیرا زہے ہمدمی
نہ اس کو زوال اور نہ اس میں کمی

پتا اپنے ہوتے تری ذات کا
ہے سودا پکانا محالات کا

فنا سب کو دیتی ہے اس جا تھپک
کہ کان نمک میں نہیں جز نمک

مگر جو نظر میں سمایا ہے یہ
کمالات کا تیرے سایہ ہے یہ

نظر چاہیے اور صفا چاہیے
دل آئینہ ہے دیکھنا چاہیے

کروں مرکز قلب پر میں نگاہ
کہ نکلی یہاں سے دو عالم کی راہ

مگر دونوں عالم سے تو پاک ہے
نہ احساس ہے واں نہ ادراک ہے

کروں زمزمہ لَے میں شیراز کی
کہ مستانہ دھن ہے اس آواز کی

رہ عقل جز پیچ بر پیچ نیست
بر عارفاں جز خدا ہیچ نیست

☆ یہ مناجات مولوی کریم بخش صاحب ڈپٹی کلکٹر مرحوم کی فرمائش پر قلم بند کی گئی۔

مثنوی آبِ زلال

خدا نے دی ہے تم کو عقل و تمیز
ذرا دیکھو تو یہ پانی ہے کیا چیز

دکھاؤ کچھ طبیعت کی روانی
جو دانا ہو تو سمجھو کیا ہے پانی

یہ مل کر دو ہواؤں سے بنا ہے
گرہ کھل جائے تو فوراً ہوا ہے

نظر ڈھونڈے مگر کچھ بھی نہ پائے
زباں چکھے مزہ ہرگز نہ آئے

ہواؤں میں لگایا خوب پھندا
انوکھا ہے تیری قدرت کا دھندا

نہیں مشکل اگر تیری رضا ہو
ہَوا پانی ہو اور پانی ہَوا ہو

مزاج اس کو دیا ہے نرم کیسا
جگہ جیسی ملے بن جائے ویسا

نہیں کرتا جگہ کی کچھ شکایت
طبیعت میں رسائی ہے نہایت

نہیں کرتا کسی برتن سے کھٹ پٹ
ہر اک سانچہ میں ڈھل جاتا ہے جھٹ پٹ

نہ ہو صدمہ سے ہرگز ریزہ ریزہ
نہ ہو زخمی اگر لگ جائے نیزہ

نہ اس کو تیر سے تلوار سے خوف
نہ اس کو توپ کی بھرمار سے خوف

تواضع سے سدا پستی میں بہنا
جفا سہنا مگر ہموار رہنا

نہیں ہے سرکشی سے کچھ سروکار
نہ دیکھو گے کبھی تم اس کا انبار

خزانہ گر بلندی پر نہ ہوتا
تو فوارہ سے وہ باہر نہ ہوتا

جو ہلکا ہو اسے سر پر اٹھائے
جو بھاری ہو اسے غوطا کھلائے

نہ جلتا ہے نہ گلتا ہے نہ سڑتا
نرا پانی نہیں ہر گز بگڑتا

اسے بھینچو دباؤ یا ٹٹولو
اسے چھیڑو اچھالو یا کھنگولو

اسے رگڑو گھسو پیسو بہاؤ
جھکولے دو مسل ڈالو دباؤ

کسی عنوان سے ہو گا نہ نابود — وہی پانی کا پانی دودھ کا دودھ
لگے گرمی تو اڑ جائے ہوا پر — پڑے سردی تو بن جاتا ہے پتھر
ہوا میں مل کے غائب ہو نظر سے — کبھی اوپر سے بادل بن کے برسے
ہوا پر چڑھ کے پہنچے سیکڑوں کوس — کبھی اولا کبھی پالا کبھی اوس
کہر ہے بھاپ ہے پانی ہے یا برف — کئی صیغوں میں ہے اک اصل کی صَرف
اسی کے دم سے دنیا میں تَری ہے — اسی کی چاہ سے کھیتی ہری ہے
پھلوں میں پھول میں ہر پنکھڑی میں — ہر اک ٹہنی میں ہر جڑی بوٹی میں
ہر اک ریشہ میں ہے اس کی رسائی — غذا ہے جڑ سے کونپل تک چڑھائی
پھلوں کا ہے اسی سے تازہ چہرہ — اسی کے سر پہ ہے پھولوں کا سہرہ
اسی کو پی کے جیتے ہیں سب انسان — اسی سے تازہ دم ہیں سارے حیوان
یہی معدہ کو پہنچاتا رسد ہے — یہی تحلیل میں کرتا مدد ہے
عمارت کا بسایا اس نے کھیڑا — تجارت کا کیا ہے پار بیڑا
زراعت اس کی موروثی اسامی — صناعت کے بھی اوزاروں کا حامی
کہیں ساگر کہیں کھاڑی کہیں جھیل — کہیں جمنا کہیں گنگا کہیں نیل
کہیں نالہ کہیں ندی کہیں سیل — ہے یہ دنیا کی کمشنریٹ کا جرنیل
یہی پہلے زمیں پر موجزن تھا — نہ میداں تھا نہ پربت تھا نہ بن تھا
زمیں سب غرق تھی پانی کے اندر — جدھر دیکھو سمندر ہی سمندر
زمیں پوشیدہ تھی اس کی بغل میں — نہ تھا کچھ فرق جل میں اور تھل میں
نہ بستی تھی نہ ٹاپو تھا کہیں پر — اسی کا دَور دَورہ تھا زمیں پر

نہ افریقہ نہ امریکہ نہ یورپ
رہی تھی ایشیا اوشنیا چھپ
ہمالہ نے بھی تھی ڈبکی لگائی
نہ دیتی تھی کہیں چوٹی دکھائی
نہ طارس تھا نہ بندھیاچل نہ الٹین
نہ فارس تھا نہ ہندوستان نے چین
مگر دنیا میں یکسانی کہاں ہے
جو اب دیکھو تو وہ پانی کہاں ہے
یہاں ہر چیز ہے کروٹ بدلتی
ہر اک حالت ہے چڑھتی اور ڈھلتی
کوئی شے ہو ہَوا ہو یا ہو پانی
سبھی کو ہے بڑھاپا اور جوانی
رہا باقی نہ وہ پانی کا ریلا
اسے خشکی نے پستی میں دھکیلا
زمین آہستہ آہستہ گئی چوس
چھپائے مال کو جس طرح کنجوس
تری کا جب کہ دامن ہو گیا چاک
تو خشکی نے اڑائی جا بجا خاک
پہاڑ ابھرے ہوئے میدان پیدا
ہوئے میدان میں نخلستان پیدا
تری کا گو ابھی ہے پلّہ بھاری
لڑائی ہے مگر دونوں میں جاری
کیا کرتے ہیں دونوں کانٹ اور چھانٹ
چلی جاتی ہے باہم لاگ اور ڈانٹ
تری ہر دم چلی جاتی ہے اٹتی
کبھی خشکی بھی ہے کایا پلٹتی
تری کا تین چوتھائی میں ہے راج
تو خشکی ایک چوتھائی میں ہے آج
نہیں چلتی تری کی سینہ زوری
زمیں اک دن میں رہ جائے گی کوری
پہن رکھا تھا جب آبی لبادہ
مٹاپا بھی زمیں کا تھا زیادہ
مگر اب دن بدن چڑھتی ہے خشکی
تری گھٹتی ہے اور بڑھتی ہے خشکی
کمی بیشی نہیں آتی نظر کچھ
بہت عمروں میں ہوتا ہے اثر کچھ

❖❖❖

تھوڑا تھوڑا مل کر بہت ہو جاتا ہے

بنایا ہے چڑیوں نے جو گھونسلہ ‏ ‏ سو ایک ایک تنکا اکٹھا کیا
گیا ایک ہی بار سورج نہ ڈوب ‏ ‏ مگر رفتہ رفتہ ہوا ہے غروب
قدم ہی قدم طے ہوا ہے سفر ‏ ‏ گئیں لحظہ لحظہ میں عمریں گذر
سمندر کی لہروں کا تانتا سدا ‏ ‏ کنارہ سے ہے آ کے ٹکرا رہا
سمندر سے دریا سے اٹھتی ہے موج ‏ ‏ سدا کرتی رہتی ہے دھاوا یہ فوج
کراروں کو آخر گرا ہی دیا ‏ ‏ چٹانوں کو بالکل صفا چٹ کیا
برستا جو مینہ موسلا دھار ہے ‏ ‏ سو یہ ننھی بوندوں کی بوچھار ہے
درختوں کے جھنڈ اور جنگل گھنے ‏ ‏ یونہی پتے پتے سے مل کر بنے
ہوئے ریشہ ریشہ سے بن اور جھاڑ ‏ ‏ بنا ذرہ ذرہ سے مل کر پہاڑ
لگا دانہ دانہ سے غلہ کا ڈھیر ‏ ‏ پڑا لمحہ لمحہ سے برسوں کا پھیر
جو ایک ایک پل کر کے دن کٹ گیا ‏ ‏ تو گھڑیوں ہی گھڑیوں برس گھٹ گیا
لکھا لکھنے والے نے ایک ایک حرف ‏ ‏ ہوئی گڈیاں کتنی کاغذ کی صرف
ہوئی لکھتے لکھتے مرتب کتاب ‏ ‏ اسی پر ہر اک شے کا سمجھو حساب
ہر اک علم و فن اور کرتب ہنر ‏ ‏ نہ تھا پہلے ہی دن سے اس ڈھنگ پر
یونہی بڑھتے بڑھتے ترقی ہوئی ‏ ‏ جو نیزہ ہے اب، تھا وہ پہلے سوئی
جولاہے نے جوڑا تھا ایک ایک تار ‏ ‏ ہوئے تھان جس کے گزوں سے شمار
یونہی پھوئیوں پھوئیوں بھرے جھیل تال ‏ ‏ یونہی کوڑی کوڑی ہوا جمع مال
اگر تھوڑا تھوڑا کرو صبح و شام ‏ ‏ بڑے سے بڑا کام بھی ہو تمام

ایک وقت میں ایک کام

ہے کام کے وقت کام اچھا	اور کھیل کے وقت کھیل زیبا
جب کام کا وقت ہو کرو کام	بھولے سے بھی کھیل کا نہ لو نام
ہاں کھیل کے وقت خوب کھیلو	کودو پھاندو کہ ڈنڈ پیلو
خوش رہنے کا ہے یہی طریقہ	ہر بات کا سیکھئے سلیقہ
اپنی ہمت سے کام کرنا	مشکل ہو تو چاہیے نہ ڈرنا
جو کچھ ہو سو اپنے دم قدم سے	کیا کام ہے غیر کے کرم سے
مت چھوڑیو کام کو ادھورا	بے کار ہے جو ہوا نہ پورا
ہر وقت میں صرف ایک ہی کام	پا سکتا ہے بہتری سے انجام
جب کام میں کام اور چھیڑا	دونوں میں ہی پڑ گیا بکھیڑا
جو وقت گزر گیا اکارت	افسوس ہوا خزانہ غارت
ہے کام کے وقت کام اچھا	اور کھیل کے وقت کھیل زیبا

❖

پن چکی

نہر پر چل رہی ہے پن چکی
دھن کی پوری ہے کام کی پکی

بیٹھتی تو نہیں کبھی تھک کر
تیرے پہیہ کو ہے سدا چکر

پیسنے میں لگی نہیں کچھ دیر
تو نے جھٹ پٹ لگا دیا اک ڈھیر

لوگ لے جائیں گے سمیٹ سمیٹ
تیرا آٹا بھرے گا کتنے پیٹ

بھر کے لاتے ہیں گاڑیوں میں اناج
شہر کے شہر ہیں ترے محتاج

تو بڑے کام کی ہے اے چکی
کام کو کر رہی ہے طے چکی

ختم تیرا سفر نہیں ہوتا
نہیں ہوتا مگر نہیں ہوتا

پانی ہر وقت بہتا ہے ڈھل ڈھل
جو گھماتا ہے آ کے تیری کل

کیا تجھے چین ہی نہیں آتا
کام جب تک نبڑ نہیں جاتا

مینہ برستا ہو یا چلے آندھی
تو نے چلنے کی شرط ہے باندھی

تو بڑے کام کی ہے اے چکی
مجھ کو بھاتی ہے تیری لَے چکی

علم سیکھو سبق پڑھو بچو!
اور آگے چلو بڑھو بچو!

کھیلنے کودنے کا مت لو نام
کام جب تک کہ ہو نہ جائے تمام

جب نبڑ جائے کام تب ہے مزہ
کھیلنے کھانے اور سونے کا

دل سے محنت کرو خوشی کے ساتھ
نہ کہ اکتا کے خامشی کے ساتھ

دیکھ لو چل رہی ہے پن چکی
دھن کی پوری ہے کام کی پکی

❖❖❖

ہوا چلی

ہونے کو آئی صبح تو ٹھنڈی ہوا چلی
کیا دھیمی دھیمی چال سے یہ خوش ادا چلی
لہرا دیا ہے کھیت کو ہلتی ہیں بالیاں
پودے بھی جھومتے ہیں لچکتی ہیں ڈالیاں
پھلواریوں میں تازہ شگوفے کھلا چلی
سویا ہوا تھا سبزہ اسے تو جگا چلی
سرسبز ہوں درخت نہ باغوں میں تجھ بغیر
تیرے ہی دم قدم سے ہے بھاتی چمن کی سیر
پڑ جائے اس جہاں میں ہوا کی اگر کمی
چوپایہ کوئی زندہ بچے اور نہ آدمی
چڑیوں کو یہ اڑان کی طاقت کہاں رہے
پھر کائیں کائیں ہو نہ غٹرغوں نہ چہچہے
بندوں کو چاہیے کہ کریں بندگی ادا
اس کی کہ جس کے حکم سے چلتی ہے یہ سدا

✤✤✤

اسلم کی بلی

چھوٹی سی بلی کو میں کرتا ہوں پیار
صاف ہے ستھری ہے بڑی ہے کھلار
گود میں لیتا ہوں تو کیا گرم ہے
گالے کی مانند رواں نرم ہے
میں جو نہ چھیڑوں تو نہ جھلائے وہ
میں نہ ستاؤں تو نہ غرائے وہ
کھینچ کے دُم اب نہ ستاؤں گا میں
گھر میں سے باہر نہ بھگاؤں گا میں
اب نہ ڈرے گی وہ مری مار سے
کھیلیں گے ہم دونوں بہت پیار سے
صحن میں گھر میں کبھی میدان میں
کھیلیں گے در میں کبھی دالان میں
دم کو ہلا میرے پڑے گی وہ پاؤں
بولے گی پھر پیار سے یوں "میاؤں میاؤں"
دوں گا اسے گیند میں جب آن کر
جھپٹے گی وہ اس پہ چوہا جان کر
تاک لگائے گی، دبوچے گی خوب
مار نہ ہٹے اسے نوچے گی خوب
ہم نے بڑے پیار سے پالا اسے
کہتے ہیں سب چوہوں کی خالہ اسے

بچہ اور ماں

اچھی اماں، مجھے بتا دو ابھی
کیوں ہے بچہ کی مامتا اتنی
تم کو بچہ سے کیوں یہ الفت ہے
کس لیے اس قدر محبت ہے
ماں نے بچہ کو یوں جواب دیا
حیف، تم جانتے نہیں بیٹا
کیسا لیٹا ہے یہ خوش و خرم
نہ کوئی فکر ہے نہ کوئی غم
نہ تو روتا نہ بلبلاتا ہے
گود میں کیا ہمک کر آتا ہے
مسکراتا ہے کیا ہی خوش ہو کر
جیسے چڑیا مگن ہو ڈالی پر
جبکہ سونے کا وقت ہے آتا
میرے سینہ سے ہے چمٹ جاتا
جب کہ آنکھوں میں نیند آتی ہے
بسترا اس کا میری چھاتی ہے
نیند لے کر ہنسی خوشی سے اٹھا
پھول گویا کھلا چنبیلی کا
لگ گئی بھوک کہہ نہیں سکتا
پیاری نظروں سے ہے مجھے تکتا
پیار کا میرے بس یہی ہے سبب
نہیں آتا بیان میں مطلب

❖❖❖

ماں اور بچہ

بولی بچہ سے ماں مرے پیارے — صدقے اماں، جواب دو بارے
کہ ہے بچہ کو ماں سے الفت کیوں — رکھتا ہے اس قدر محبت کیوں
دیا بچے نے یوں جواب سنو — اے ہے اماں خبر نہیں تم کو
مجھ کو تکلیف سے بچاتی ہو — پیار سے گود میں بٹھاتی ہو
جی مرا بدمزہ اگر ہو جائے — میرے دکھ کا تمہیں اثر ہو جائے
مجھ کو ہو درد تم کو حیرانی — چپکے چپکے کرو نگہ بانی
اچھے اچھے کھلاتی ہو کھانے — پیار کرتی ہو تم خدا جانے
اور سب سے کہ آ رہے ہیں نظر — تم زیادہ ہو مہرباں مجھ پر
جانتا ہوں عزیز سب سے تمہیں — چاہتا ہوں اسی سبب سے تمھیں
پیاری اماں کہا نہیں جاتا — نہیں مطلب بیان میں آتا

❖❖❖

ایک مور اور کلنگ

دُم مور نے پھول کر دکھائی ۔۔۔ اور بولا کلنگ سے کہ بھائی
کیا خوب ہیں نقش اور کیا رنگ ۔۔۔ دنیا مجھے دیکھ کر ہوئی دنگ
میری سی کہاں ہے آپ کی دُم ۔۔۔ کر نہیں سکتے مقابلہ تم
بولا اس سے کلنگ ہنس کر ۔۔۔ ہاں آپ کے لاجواب ہیں پر
لیکن نہیں کچھ بھی کام آتے ۔۔۔ بچوں ہی کے دل کو ہیں لبھاتے
اڑنے نہیں دیتی دُم تمہاری ۔۔۔ لیتے ہیں پکڑ تمہیں شکاری
یہ کہہ کے پروں کو پھٹپھٹا کر ۔۔۔ بولا اونچا ہوا پہ وہ جا کر
آؤ کریں آسمان کا پھیرا ۔۔۔ کچھ دم ہے تو ساتھ دو نہ میرا
منہ اپنا سا لے کے رہ گیا مور ۔۔۔ تھا اس میں کہاں اڑان کا زور
بھاتا ہے جنہیں نرا دکھاوا ۔۔۔ وہ لوگ ہیں مور کے بھی باوا
بس ان کو ہے ٹیپ ٹاپ کی دھن ۔۔۔ شیخی کے سوا نہیں کوئی گن
دیکھیں کسے یاد ہے زبانی ۔۔۔ مور اور کلنگ کی کہانی

عجیب چڑیا

چڑیا ہم نے عجیب پالی — زنجیر اس کے گلے میں ڈالی
دن رات ہو ، شام یا سویرا — لیتی ہے وہ جیب میں بسیرا
چڑیا سے بھی قد ہے اس کا چھوٹا — ہے اس کا بدن تمام پوٹا
پوٹے پہ جو غور سے نظر کی — پوٹا نہیں پوٹ ہے ہنر کی
گویا ہے، اگرچہ بے زبان ہے — نادان ہے مگر حساب دان ہے
دانہ پانی نہیں وہ کھاتی — ہر دم ہے خوشی سے چہچہاتی
دن رات میں چھیڑ دو کسی آن — یہ چھیڑ ہے اس کے جسم کی جان
جب تک جیتی ہے جاگتی ہے — لو کام تو چیز کام کی ہے
کہتی ہے کہ وقت کی خبر لو — جو کچھ کرنا ہے جلد کر لو
غفلت کیجیے تو ٹوکتی ہے — عجلت کیجیے تو روکتی ہے
اس طور سے کرتی ہے گزارہ — انڈے دیتی ہے دن میں بارہ
پھر اتنے ہی رات کو ہے دیتی — دیتے ہی ہر ایک کو ہے سیتی
انڈے ہیں تمام اس کے سچے — ایک ایک سے نکلے ساٹھ بچے
ہر بچہ نے اگلے ساٹھ دانے — ہر دانے میں ہیں بھرے خزانے
جو دانہ گرا سو ہو گیا گم — ڈھونڈا کرو پھر نہ پاؤ گے تم
دانہ کی بتاؤں کیا قیمت — دانا سمجھیں اسے غنیمت
جس نے اسے پا لیا کہا واہ — کیا بات ہے تیری بارک اللہ
سچ مچ تو لعل بے بہا ہے — گویا ہر درد کی دوا ہے
القصہ ہے وہ عجب پرندہ — مردہ اسے کہہ سکیں نہ زندہ

ایک لڑکا اور بیر

ایک لڑکا ہے بڑا ایمان دار
آزمائش ہو چکی ہے چند بار

ایک دن وہ نیک دل اور باحیا
اپنے ہمسایہ کے گھر میں تھا گیا

آدمی بالکل نہیں واں نام کو
کیونکہ ہمسایہ گیا ہے کام کو

تازہ تازہ بیر ڈلیا میں بھرے
بے حفاظت گھر کے اندر ہیں دھرے

لیکن اس نے بیر کو چھیڑا نہیں
ہو نہ جائے شبہ چوری کا کہیں

آ گیا اتنے میں ہمسایہ وہاں
کھیل میں مصروف ہے لڑکا جہاں

اپنے بیروں میں نہ پائی کچھ کمی
ہو کے خوش لڑکے سے بولا آدمی

بیر یہ تم نے چرائے کیوں نہیں ؟
کیوں چراتا ؟ چور تھا کیا میں کہیں؟

چور جب بنتے کہ کوئی دیکھتا
دیکھنے کو میں ہی خود موجود تھا

کچھ برائی آپ میں گر پاؤں میں
پانی پانی شرم سے ہو جاؤں میں

واہ وا، شاباش، لڑکے واہ وا
تو جواں مردوں سے بازی لے گیا

❖❖❖

ایک پودا اور گھاس

اتفاقاً ایک پودا اور گھاس ۔۔۔ باغ میں دونوں کھڑے ہیں پاس پاس
گھاس کہتی ہے کہ اے میرے رفیق ۔۔۔ کیا انوکھا اس جہاں کا ہے طریق
ہے ہماری اور تمہاری ایک ذات ۔۔۔ ایک قدرت سے ہے دونوں کی حیات
مٹی اور پانی ہوا اور روشنی ۔۔۔ واسطے دونوں کے یکساں ہے بنی
تجھ پہ لیکن ہے عنایت کی نظر ۔۔۔ پھینک دیتے ہیں مجھے جڑ کھود کر
سر اٹھانے کی مجھے فرصت نہیں ۔۔۔ اور ہوا کھانے کی بھی رخصت نہیں
کون دیتا ہے مجھے یاں پھیلنے ۔۔۔ کھا لیا گھوڑے گدھے یا بیل نے
تجھ پہ منہ ڈالے جو کوئی جانور ۔۔۔ اس کی لی جاتی ہے ڈنڈے سے خبر
اولے پالے سے بچاتے ہیں تجھے ۔۔۔ کیا ہی عزت سے بڑھاتے ہیں تجھے
چاہتے ہیں تجھ کو سب کرتے ہیں پیار ۔۔۔ کچھ پتا اس کا بتا اے دوست دار
اس سے پودے نے کہا یوں سر ہلا ۔۔۔ گھاس سب بیجا ہے تیرا یہ گلہ
مجھ میں اور تجھ میں نہیں کچھ بھی تمیز ۔۔۔ صرف سایہ اور میوہ ہے عزیز
فائدہ اک روز مجھ سے پائیں گے ۔۔۔ سایہ میں بیٹھیں گے اور پھل کھائیں گے
ہے یہاں عزت کا سہرا اس کے سر ۔۔۔ جس سے پہونچے نفع سب کو بیشتر

ایک جگنو اور بچہ کی باتیں

سناؤں تمہیں بات اک رات کی　　کہ وہ رات اندھیری تھی برسات کی
چمکنے سے جگنو کے تھا اک سماں　　ہوا پر اڑیں جیسے چنگاریاں
پڑی ایک بچہ کی ان پر نظر　　پکڑ ہی لیا ایک کو دوڑ کر
چمک دار کیڑا جو بھایا اسے　　تو ٹوپی میں جھٹ پٹ چھپایا اسے
وہ جھم جھم چمکتا ادھر سے ادھر　　پھرا کوئی رستہ نہ پایا مگر
تو غمگین قیدی نے کی التجا　　کہ چھوٹے شکاری، مجھے کر رہا

جگنو: خدا کے لیے چھوڑ دے چھوڑ دے　　مری قید کے جال کو توڑ دے
بچہ: کروں گا نہ آزاد اس وقت تک　　کہ میں دیکھ لوں دن میں تیری چمک
جگنو: چمک میری دن میں نہ دیکھو گے تم　　اجالے میں ہو جائے گی وہ تو گم
بچہ: ارے چھوٹے کیڑے نہ دے دم مجھے　　کہ ہے واقفیت ابھی کم مجھے
اجالے میں دن کے کھلے گا یہ حال　　کہ اتنے سے کیڑے میں ہے کیا کمال
دھواں ہے نہ شعلہ نہ گرمی نہ آنچ　　چمکنے کی تیرے کروں گا میں جانچ
جگنو: یہ قدرت کی کاریگری ہے جناب　　کہ ذرہ کو چمکائے جوں آفتاب
مجھے دی ہے اس واسطے سے چمک　　کہ تم دیکھ کر مجھ کو جاؤ ٹھٹک
نہ الھڑ پنے سے کرو پائمال　　سنبھل کر چلو آدمی کی سی چال

ایک گھوڑا اور اس کا سایہ

ایک گھوڑا تھا نہایت عیب دار
اپنے سایہ سے بدکتا بار بار

اس سے مالک نے خفا ہو کر کہا
سن تو احمق، جس سے تو ہے ڈر رہا

جسم کا تیرے ہی تو سایہ ہے وہ
کچھ درندہ ہے نہ چوپایہ ہے وہ

جسم رکھتا ہے نہ اس کی جان ہے
تو بڑا ڈرپوک او نادان ہے

یوں دیا گھوڑے نے مالک کو جواب
سچ کہا یہ آپ نے لیکن جناب

آدمی سے بڑھ کے میں وہمی نہیں
اَن ہوئی باتوں کا ہے جس کو یقین

بھوت کا قصہ کہانی کے سوا
کچھ نشاں گھر میں نہ جنگل میں پتا

بھوت سے ڈرنا بھی کوئی بات ہے
کیا ہی وہمی آدمی کی ذات ہے

سایہ تو آنکھوں سے آتا ہے نظر
کیا عجب ہے جو ہوا مجھ پر اثر

اپنے دکھ کا کیجیے اول علاج
دوسروں کا پوچھیے پیچھے مزاج

ایک کتا اور اس کی پرچھائیں

منہ میں ٹکڑا لیے ہوئے کتا   ایک دریا کو تیر کر اترا
پانی آئینہ سا رہا تھا چمک   نظر آتی تھی تہہ کی مٹی تک
اپنی پرچھائیں پر کیا جو غور   اس کو سمجھا کہ ہے یہ کتا اور
منہ میں ٹکڑا دبا رہا ہے یہ   گہرے پانی میں جا رہا ہے یہ
حرص نے ایسا بے قرار کیا   جھٹ سے غرا کے اس پہ وار کیا
جونہی ٹکڑے پہ اس کے منہ مارا   اپنا ٹکڑا بھی کھو دیا سارا
واں نہ ٹکڑا نہ اور کتا تھا   وہم تھا، وہم کے سوا کیا تھا
یونہی جتنے ہیں لالچی نادان   کر کے لالچ اٹھاتے ہیں نقصان
باندھتے ہیں کہاں کہاں کے خیال   اور کھو بیٹھتے ہیں اپنا مال
تم ہوس میں سڑی نہ بن جاؤ   جو ملے اس کو کام میں لاؤ

ریل گاڑی

حیواں ہے نہ وہ انساں جن ہے نہ وہ پری ہے
سینہ میں اس کے ہر دم اک آگ سی بھری ہے

کھا پی کے آگ پانی چنگھاڑ مارتی ہے
سر سے دُھویں اُڑا کر غصہ اتارتی ہے

وہ گھورتی گرجتی بھرتی ہے اک سپاٹا
ہفتوں کی منزلوں کو گھنٹوں میں اس نے کاٹا

آتی ہے شور کرتی جاتی ہے غل مچاتی
وہ اپنے خادموں کو ہے دور سے جگاتی

بے خوف بے محابا ہر دم رواں دواں ہے
ہاتھی بھی اس کے آگے اک مور ناتواں ہے

آندھی ہو یا اندھیرا ہے اس کو سب برابر
یکساں ہے نور و ظلمت اور روز و شب برابر

اتر سے لے دکن تک پورب سے لے پچھاں تک
سب ایک کر دیا ہے پہنچی ہے وہ جہاں تک

بجلی ہے یا بگولا، بھونچال ہے کہ آندھی
ٹھیکہ پہ ہے پہونچتی بچنوں کی ہے وہ باندھی

ہر آن ہے سفر میں کم ہے قیام کرتی
رہتی نہیں معطل، پھرتی ہے کام کرتی

پردیسیوں کو جھٹ پٹ پہونچا گئی وطن میں
ڈالی ہے جان اس نے سوداگری کے تن میں

ہر چیز ہے سے نرالی چال ڈھال اس کی
پاؤ گے صنعتوں میں کمتر مثال اس کی

برکت سے اس کی بے پر پردار بن گئے ہیں
ملک اس کے دم قدم سے گلزار بن گئے ہیں

ہم کہہ چکے مفصل، جو کچھ ہے کام اس کا
جب جانیں تم بتا دو بن سوچے نام اس کا

جی ہاں سمجھ گیا میں، پہلے ہی میں نے تاڑی
وہ دیکھو آگرہ سے آتی ہے ریل گاڑی

ہماری گائے

رب کا شکر ادا کر بھائی — جس نے ہماری گائے بنائی
اس مالک کو کیوں نہ پکاریں — جس نے پلائیں دودھ کی دھاریں
خاک کو اس نے سبزہ بنایا — سبزہ کو پھر گائے نے کھایا
کل جو گھاس چری تھی بن میں — دودھ بنی اب گائے کے تھن میں
سبحان اللہ دودھ ہے کیسا — تازہ گرم سفید اور میٹھا
دودھ میں بھیگی روٹی میری — اس کے کرم نے بخشی سیری
دودھ دہی اور مٹھا مسکا — دے نہ خدا تو کس کے بس کا
گائے کو دی کیا اچھی صورت — خوبی کی ہے گویا مورت
دانہ دنکا بھوسی چوکر — کھا لیتی ہے سب خوش ہو کر
کھا کر تنکے اور ٹھٹیرے — دودھ ہے دیتی شام سویرے
کیا ہی غریب اور کیسی پیاری — صبح ہوئی جنگل کو سدھاری
سبزہ سے میدان ہرا ہے — جھیل میں پانی صاف بھرا ہے
پانی موجیں مار رہا ہے — چرواہا چمکار رہا ہے
پانی پی کر چارہ چر کر — شام کو آئی اپنے گھر پر
دوری میں جو دن ہے کاٹا — بچہ کو کس پیار سے چاٹا
گائے ہمارے حق میں ہے نعمت — دودھ ہے دیتی کھا کے بنسپت
بچھڑے اس کے بیل بنائے — جو کھیتی کے کام میں آئے
رب کی حمد و ثنا کر بھائی — جس نے ایسی گائے بنائی

❖❖❖

سچ کہو

سچ کہو سچ کہو ہمیشہ سچ
ہے بھلے مانسوں کا پیشہ سچ

سچ کہو گے تو تم رہو گے عزیز
سچ تو یہ ہے کہ سچ ہے اچھی چیز

سچ کہو گے تو تم رہو گے شاد
فکر سے پاک رنج سے آزاد

سچ کہو گے تو تم رہو گے دلیر
جیسے ڈرتا نہیں دلاور شیر

سچ سے رہتی ہے تقویت دل کو
سہل کرتا ہے سخت مشکل کو

سچ ہے ساری معاملوں کی جان
سچ سے رہتا ہے دل کو اطمینان

سچ میں راحت ہے اور آسانی
سچ سے ہوتی نہیں پشیمانی

سچ ہے دنیا میں نیکیوں کی جڑ
سچ نہ ہو تو جہان جائے اجڑ

سچ کہو گے تو دل رہے گا صاف
سچ کرا دے گا سب قصور معاف

سچ سے زنہار درگزر نہ کرو
دل میں کچھ خوف اور خطر نہ کرو

جس کو سچ بولنے کی عادت ہے
وہ بڑا نیک با سعادت ہے

وہی دانا ہے جو کہ ہے سچّا
اس میں بڈھا ہو یا کوئی بچّا

ہے برا جھوٹ بولنے والا
آپ کرتا ہے اپنا منہ کالا

فائدہ اس کو کچھ نہ دے گا جھوٹ
جائے گا اک روز بھانڈا پھوٹ

جھوٹ کی بھول کر نہ ڈالو خو
جھوٹ ذلت کی بات ہے اخ تھو

شفق

شفق پھولنے کی بھی دیکھو بہار
ہوا میں کھلا ہے عجب لالہ زار

ہوئی شام بادل بدلتے ہیں رنگ
جنہیں دیکھ کر عقل ہوتی ہے دنگ

نیا رنگ ہے اور نیا روپ ہے
ہر ایک روپ میں یہ وہی دھوپ ہے

طبیعت ہے بادل کی رنگت پہ لوٹ
سنہری لگائی ہے قدرت نے گوٹ

ذرا دیر میں رنگ بدلے کئی
بنفشی و نارنجی و چمپئی

یہ کیا بھید ہے، کیا کرامات ہے
ہر اک رنگ میں اک نئی بات ہے

یہ مغرب میں جو بادلوں کی ہے باڑ
بنے سونے چاندی کے گویا پہاڑ

فلک نیلگوں اس میں سرخی کی لاگ
ہرے بن میں گویا لگا دی ہے آگ

اب آثار ظاہر ہوئے رات کے
کہ پردے چھٹے لال بانات کے

رات

گیا دن ہوئی شام آئی ہے رات — خدا نے عجب شے بنائی ہے رات
نہ ہو رات تو دن کی پہچان کیا — اٹھائے مزہ دن کا انسان کیا
ہوئی رات خلقت چھٹی کام سے — خموشی سی چھائی سر شام سے
لگے ہونے اب ہاٹ بازار بند — زمانے کے سب کار بہوار بند
مسافر نے دن بھر کیا ہے سفر — سر شام منزل پہ کھولی کمر
درختوں کے پتے بھی چپ ہو گئے — ہوا تھم گئی پیڑ بھی سو گئے
اندھیرا اجالے پہ غالب ہوا — ہر اک شخص راحت کا طالب ہوا
ہوئے روشن آبادیوں میں چراغ — ہوا سب کو محنت سے حاصل فراغ
کسان اب چلا کھیت کو چھوڑ کر — کہ گھر میں کرے چین سے شب بسر
تھپک کر سلایا اسے نیند نے — تردد بھلایا اسے نیند نے
غریب آدمی جو کہ مزدور ہیں — مشقت سے جن کے بدن چور ہیں
وہ دن بھر کی محنت کے مارے ہوئے — وہ ماندے تھکے اور ہارے ہوئے
نہایت خوشی سے گئے اپنے گھر — ہوئے بال بچے بھی خوش دیکھ کر
گئے بھول سب کام دھندے کا غم — سویرے کو اٹھیں گے اب تازہ دم
کہاں چین یہ بادشہ کو نصیب — کہ جس بے غمی سے ہیں سوتے غریب

گرمی کا موسم

مئی کا آن پہنچا ہے مہینہ
بہا چوٹی سے ایڑی تک پسینا

بجے بارہ تو سورج سر پہ آیا
ہوا پیروں تلے پوشیدہ سایا

چلی لو اور تراقی کی پڑی دھوپ
لپٹ ہے آگ کی گویا کڑی دھوپ

زمیں ہے یا کوئی جلتا توا ہے
کوئی شعلہ ہے یا پچھوا ہوا ہے

در و دیوار ہیں گرمی سے تپتے
بنی آدم ہیں مچھلی سے تڑپتے

پرندے اڑ کے ہیں پانی پہ گرتے
چرندے بھی ہیں گھبرائے سے پھرتے

درندے چھپ گئے ہیں جھاڑیوں میں
مگر ڈوبے پڑے ہیں کھاڑیوں میں

نہ پوچھو کچھ غریبوں کے مکاں کی
زمیں کا فرش ہے چھت آسماں کی

نہ پنکھا ہے نہ ٹٹی ہے نہ کمرہ
ذرہ سی جھونپڑی محنت کا ثمرہ

امیروں کو مبارک ہو حویلی
غریبوں کا بھی ہے اللہ بیلی

✤✤✤

ملمع کی انگوٹھی

چاندی کی انگوٹھی پہ جو سونے کا چڑھا خول
اوچھی تھی لگی بولنے اترا کے بڑا بول

چاندی کی انگوٹھی کہ نہ میں ساتھ رہوں گی
وہ اور ہے میں اور یہ ذلت نہ سہوں گی

میں قوم کی اونچی ہوں بڑا میرا گھرانا
وہ ذات کی گھٹیا ہے نہیں اس کا ٹھکانا

میری سی چمک اس میں نہ میری سی دمک ہے
چاندی ہے کہ ہے رانگ مجھے اس میں بھی شک ہے

میری سی کہاں چاشنی میرا سا کہاں رنگ
وہ مول میں اور تول میں میرے نہیں پاسنگ

اے دیکھنے والو تمہیں انصاف سے کہنا
چاندی کی انگوٹھی بھی ہے کچھ گہنوں میں گہنا

یہ سنتے ہی چاندی کی انگوٹھی بھی گئی جل
اللہ رے ملمع کی انگوٹھی تیرے چھل بل

سونے کے ملمع پہ نہ اترا میری پیاری
دو دن میں بھڑک اس کی اتر جائے گی ساری

کچھ دیر حقیقت کو چھپایا بھی تو پھر کیا
جھوٹوں نے جو سچوں کو چڑایا بھی تو پھر کیا

مت بھول کبھی اصل کو اپنی اری احمق
جب تاؤ دیا جائے گا ہو جائے گا منہ فق

سچے کی تو عزت ہی بڑھے گی جو کریں جانچ
مشہور مثل ہے کہ نہیں سانچ کو کچھ آنچ
کھوٹے کو کھرا بن کے نکھرنا نہیں اچھا
چھوٹے کو بڑا بن کر ابھرنا نہیں اچھا

❀❀❀

برسات

وہ دیکھو اٹھی کالی کالی گھٹا
ہے چاروں طرف چھانے والی گھٹا
گھٹا کے جو آنے کی آہٹ ہوئی
ہوا میں بھی اک سنسناہٹ ہوئی
گھٹا آن کر مینہ جو برسا گئی
تو بے جان مٹی میں جان آ گئی
زمیں سبزے سے لہلہانے لگی
کسانوں کی محنت ٹھکانے لگی
جڑی بوٹیاں پیڑ آئے نکل
عجب بیل پتے عجب پھول پھل
ہر اک پیڑ کا اک نیا ڈھنگ ہے
ہر اک پھول کا ایک نیا رنگ ہے
یہ دو دن میں کیا ماجرا ہو گیا
کہ جنگل کا جنگل ہرا ہو گیا
جہاں کل تھا میدان چٹیل پڑا
وہاں آج ہے گھاس کا بن کھڑا
ہزاروں پھدکنے لگے جانور
نکل آئے گویا کہ مٹی کے پر

❀❀❀

دال کی فریاد

ایک لڑکی بگھارتی ہے دال
دال کرتی ہے عرض یوں احوال

ایک دن تھا ہری بھری تھی میں
ساری آفات سے بری تھی میں

تھا ہرا کھیت میرا گہوارہ
وہ وطن تھا مجھے بہت پیارا

پانی پی پی کے تھی میں لہراتی
دھوپ لیتی کبھی ہوا کھاتی

مینہ برستا تھا جھوکے آتے تھے
گودیوں میں مجھے کھلاتے تھے

یہی سورج زمیں تھے ماں باوا
مجھ سے کرتے تھے نیک برتاوا

جب کیا مجھے کو پال پوس بڑا
آہ۔۔۔ ظالم کسان آن پڑا

گئی تقدیر یک بیک جو پلٹ
کھیت کا کھیت کر دیا تلپٹ

خوب لوٹا دھڑی دھڑی کر کے
مجھ کو گونوں میں لے گئے بھر کے

ہو گئی دم کی دم میں بربادی
چھن گئی ہائے میری آزادی

کیا بتاؤں کہاں کہاں کھینچا
دال منڈی میں مجھ کو جا بیچا

ایک ظالم سے واں پڑا پالا
جس نے چکی میں مجھ کو دَل ڈالا

ہوا تقدیر کا لکھا پورا
دونوں پاٹوں نے کر دیا چورا

نہ سنی میری آہ اور زاری
خوب بنیے نے کی خریداری

چھانا چھلنی میں چھاج میں پھٹکا
قید خانہ میرا بنا مٹکا

پھر مقدر مجھے یہاں لایا
تم نے تو اور بھی غضب ڈھایا

کھال کھینچی الگ کیے چھلکے
زخم کیونکر ہرے نہ ہوں دل کے

ڈالیں مرچیں نمک لگایا خوب
رکھ کہ چولھے پہ جی جلایا خوب

اس پہ کفگیر کے ٹھوکے ہیں
اور ناخن کے بھی کچوکے ہیں

میرے گلنے کی لے رہی ہو خبر
دانت ہے آپ کا مرے اوپر

گرم گھی کر کے مجھ کو داغ دیا
ہائے تم نے بھی کچھ نہ رحم کیا

ہاتھ دھو کر پڑی ہو پیچھے تم
جان پر آ بنی حواس ہیں گم

اچھی بی بی تمہیں کرو انصاف
ظلم ہے یا نہیں "قصور معاف"

کہا لڑکی نے میری پیاری دال
مجھ کو معلوم ہے ترا سب حال

تو اگر کھیت سے نہیں آتی
خاک میں مل کے خاک ہو جاتی

یا کوئی گائے بھینس چر لیتی
پیٹ میں اپنے تجھ کو بھر لیتی

میں تو رتبہ ترا بڑھاتی ہوں
اب چپاتی سے تجھ کو کھاتی ہوں

نہ ستانا نہ جی جلانا تھا
یوں تجھے آدمی بنانا تھا

اگلی بیتی کا تو نہ کر کچھ غم
مہربانی تھی سب نہ تھا یہ ستم

دال چپاتی

اور سنو ایک حکایت نئی ۔۔۔ دال چپاتی میں جھڑپ ہو گئی
دال لگی کہنے کہ میرا مزہ ۔۔۔ کرتا چپاتی کو بھی ہے با مزہ
میرے بدوں اس کو بھلا کھائے کون ۔۔۔ روکھی چپاتی میں مزہ پائے کون
بلکہ نری دال اگر کھائیے ۔۔۔ ہونٹ ہی بس چاٹتے رہ جائیے
کرتا ہے درویش جو روٹی طلب ۔۔۔ دال چپاتی اسے دیتے ہیں سب
دیکھ لو اس وقت میری برتری ۔۔۔ نیچے ہے وہ اور میں اوپر دھری
بیٹھتی ہوں چڑھ کے چپاتی پہ میں ۔۔۔ مونگ دلا کرتی ہوں چھاتی پہ میں
اس کے سوا دیکھیے میرا سنگار ۔۔۔ پہلے مصالح ہے پھر اس سے بگھار
مجھ کو پکاتے ہیں سبھی اد بدا ۔۔۔ کھاتے ہیں سب شاہ سے لے تا گدا
میری فضیلت میں نہیں کوئی شک ۔۔۔ واہ رے میں اور مرا آب و نمک
ذائقہ خوشبو پہ مری لوٹ ہے ۔۔۔ دل پہ چپاتی کے یہ ہی چوٹ ہے
دال نے شیخی جو بگھاری بڑی ۔۔۔ سن کے چپاتی بھی اچھل ہی پڑی
بے ادبی کر نہ میری شان میں ۔۔۔ میری طفیلی ہے تو ہر خوان میں
دال ہو سالن ہو کہ چٹنی اچار ۔۔۔ سب ہیں میرے ساتھ کے خدمت گذار
کوفتہ ہو قورمہ ہو یا کباب ۔۔۔ تھام کے چلتے ہیں سب میری رکاب
چٹ پٹی ترکاریاں جب ہوویں ساتھ ۔۔۔ دال کو پھر کون لگاتا ہے ہاتھ

دال کا دانہ بھی نہ چکھّے کوئی
بلکہ رکابی میں نہ رکھے کوئی

دال تو اک ہارے کا تیار ہے
کھائے وہی اس کو جو بیمار ہے

دال میسر نہیں ہوتی جنہیں
صرف چپاتی کو غنیمت گنیں

جس کی فقط دال پہ گزران ہے
آدمی کاہے کو وہ حیوان ہے

یوں تو سبھی کھانوں میں افضل ہوں میں
دال سے سو مرتبہ اول ہوں میں

دونوں میں القصہ بہت بڑھ گئی
ایک پہ ایک آن کے پھر چڑھ گئی

لقمہ بنا دونوں کو میں کھا گیا
قصہ ہوا فیصلہ جھگڑا گیا

❖❖❖

موعظت

کرے دشمنی کوئی تم سے اگر		جہاں تک بنے تم کرو درگزر
کرو تم نہ حاسد کی باتوں پہ غور		جلے جو کوئی، اس کو جلنے دو اور
اگر تم سے ہو جائے سرزد قصور		تو اقرار و توبہ کرو بالضرور
بدی کی ہو جس نے تمہارے خلاف		جو چاہے معافی، تو کر دو معاف
نہیں بلکہ تم اور احساں کرو		بھلائی سے اس کو پشیماں کرو
ہے شرمندگی اس کے دل کا علاج		سزا اور ملامت کی کیا احتیاج
بھلائی کرو تو کرو بے غرض		غرض کی بھلائی تو ہے اک مرض
جو محتاج مانگے تو دو تم ادھار		رہو واپسی کے نہ امیدوار
جو تم کو خدا نے دیا ہے تو دو		نہ خست کرو اس میں جو ہو سو ہو

داناؤں کی نصیحت دل سے سنو

راوی نے ہے اس طرح خبر دی
اک شب لگی بندروں کو سردی
سردی نے دیا جو سخت آزار
جویا ہوئے آگ کے وہ ناچار
ہر چار طرف دوا دوش کی
پائی نہ کہیں دوا خلش کی
ناگہہ چمکا جو کرم شب تاب
اخگر اسے جان کر لیا داب
ناچے کودے خوشی سے باہم
تنکے پتے کیے فراہم
رکھ کر اسے خار و خس کے اندر
پھونکیں لگے مارنے وہ بندر
لیکن ہوا فائدہ نہ کچھ بھی
اٹھا نہ دھواں نہ آگ سلگی
کرتے رہے پھر بھی کام اپنا
چھوڑا نہ خیال خام اپنا
صحرا میں جو اور جانور تھے
وہ تجربہ کار و باخبر تھے
سمجھانے لگے از روئے شفقت
یوں وقت کو رائیگاں کرو مت
اس کام سے کیجیے کنارہ
جگنو کو نہ جانیے شرارہ
سمجھانے سے وہ مگر نہ سمجھے
جب تک نہ ہوئی سحر نہ سمجھے
یاروں نے کہی تھی بات ڈھب کی
غرا کے انہیں دکھائی بھبکی
ناداں رہے رات بھر اکڑتے
سر مارتے ایڑیاں رگڑتے
جب صبح ہوئی تو شک ہوا دور
شرمندہ ہوئے بہت وہ مغرور
سن لو نہ سنے گا جو نصیحت
ہو گا وہ اسی طرح فضیحت

چھوٹے سے کام کا بڑا نتیجہ

ایک بچہ کہ ابھی کچھ اسے تمیز نہ تھی
لہو و بازی سے پسندیدہ کوئی چیز نہ تھی

کھیلنا ، کودنا ، کھانا ، یہی معمول تھا بس
انہیں طفلانہ تمناؤں میں مشغول تھا بس

ایک تالاب تھا دو چار قدم گھر سے پرے
دل میں لہر آئی لب آب ذرا سیر کرے

صاف پانی سے جو تالاب کو پایا لبریز
کھیل کا شوق طبیعت میں ہوا اور بھی تیز

آس پاس اپنے جو پایا کوئی کنکر پتھر
پھینک مارا اسے پانی میں بہت خوش ہو کر

کھیل تھا پہلے تو اب طرفہ تماشا دیکھا
دل ہی دل میں متحیر تھا کہ یہ کیا دیکھا

دائرہ ایک بنا ایسا کہ بڑھتا ہے محیط
گھیر لی جس نے کہ تالاب کی سب سطح بسیط

پھر تو کھیل اس کا اسی شغل پہ موقوف رہا
اسی نظارہ میں تا دیر وہ مصروف رہا

اسی اثنا میں ہوا بچہ کی ماں کا بھی گزر
بولا اماں مجھے آئی ہے عجب چیز نظر

جو نہ دیکھی نہ سنی تھی کبھی اب سے پہلے
شاید آئی ہے نظر مجھ کو ہی سب سے پہلے

اک ذرا سی حرکت اور یہ تاثیر عجیب
دائرہ بڑھ کے پہونچتا ہے کنارے کے قریب

بسکہ جی جان سے اس شعبدہ پر تھا شیدا
وسعت دائرہ کی اپنے عمل سے پیدا

تھی وہ ماں اہل دل اور نیک منش نیک نہاد
ہنس کہ فرمایا مری جاں یہ نصیحت رکھ یاد

یونہی ہر کام کا ہو جاتا ہے انجام بڑا
گو کہ آغاز میں ہوتا نہیں وہ کام بڑا

کبھی ادنیٰ حرکت زلزلہ بن جاتی ہے
کبھی ناچیز سی اک بات غضب ڈھاتی ہے

یہ ہی انداز نکوکاری و بدکاری ہے
اولاً خاص تھی اب عام میں وہ جاری ہے

اونٹ

اونٹ تُو ہے بس حلیم و خوش خصال
تربیت میں چھوٹے بچوں کی مثال

تیری پیدائش رفاہ عام ہے
آدمی کے حق میں اک انعام ہے

کھانے کپڑے کا بھی تجھ پر ہے مدار
تو نے دی ہے اس کو تیزی مستعار

لق و دق صحرا میں یا میدان میں
یا عرب کے گرم ریگستان میں

سایہ افگن ہے نہ واں کوئی چٹان
سرد پانی کا نہ دریا کا نشان

چلچلاتی دھوپ ہے اور چپ ہوا
واں پرندہ بھی نہیں پر مارتا

تو وہاں کے مرحلے کرتا ہے طے
دن بدن اور ہفتہ ہفتہ پے بہ پے

قیمتی اشیا ہیں تیری پشت پر
تاجروں کا ریشم اور شاہوں کا زر

تودہ تودہ تیرے اوپر لد رہا
ہے بھرا گویا جہاز پر بہا

چند ہفتے جب کہ جاتے ہیں گزر
اور تھکا دیتا ہے راکب کو سفر

اونٹ، گھبراتا نہیں تو بار سے
دیکھتا ہے اس کی جانب پیار سے

گویا کہتا ہے کہ اے میرے سوار
ایک دن تو اور بھی ہمت نہ ہار

ہاں نہ ہو بیدل نہ رستے میں ٹھٹک
صاف سر چشمہ ہے آگے دھر لپک

مجھ کو آتی ہے ہوا سے بوئے آب
نا امیدی سے نہ کر تو اضطراب

اونٹ، تو کرتا ہے اس کی رہبری
یوں بنا دیتا ہے راکب کو جری

آخرش منزل پہ پہونچاتا ہے تو
اور سوکھے خار و خس کھاتا ہے تو

صبر سے کرتا ہے طے راہ دراز
سچ کہا ہے تو ہے خشکی کا جہاز

الغرض تو ہے حلیم و خوش خصال
تربیت میں چھوٹے بچوں کی مثال

❖❖❖

شیر

اے شیر تیرے تن پہ ہے طاقت کا پوستیں / شاہی کے حق میں کوئی بھی ساجھی ترا نہیں
پیدا ہے تیرے رخ سے تری شوکت اور جلال / ظاہر ہے تیری شکل سے باطن کا تیرے حال
دل تیرا بزدلی و غلامی سے ہے بری / پھٹکے نہ تیرے پاس کبھی خوف اے جری
تیرا حریف کون ہے جو تو ہٹے بچے / جھپکے نہ تیری آنکھ نہ گردن تیری لچے
حق نے عطا کیا ہے تجھے زور بے خلل / فولاد کی رگیں ہیں تو ہے دل ترا اٹل
گر سورما سجے کوئی میدان کا دھنی / جوشن کہ چار آئینہ یا خود آہنی
حملہ سے تیرے بچنے کو کافی نہ ہو مگر / اللہ رے تیرا حوصلہ بل بے ترا جگر
غرا کہ شیر کرتا ہے جب جوش اور خروش / جنگل تمام ہوتا ہے سنسان اور خموش
پہچانتے ہیں جانور آواز شیر کی / وہ ہولناک ہے کہ دہلتا ہے سب کا جی
جاتی ہے ان کے پاؤں تلے کی زمیں نکل / ہیں بھاگتے کہ گویا تعاقب میں ہے اجل
اے شیر گرم خطہ ہے تیرے لیے وطن / بیہڑ ہو، نیستاں ہو، جھاڑی ہو یا ہو بن
لو ہو، کہ گرم دھوپ ہو یا ریگ زار ہو / تینوں غضب ہیں کیوں نہ مسافر شکار ہو
اے شیر تو ہے شاہ ترا تخت ہے کچھار / ہے کس کو تیرے ملک میں دعوی گیر و دار

کیڑا

تم اس کیڑے کو دیکھو تو لگاتار
تمہاری راہ میں ہے گرم رفتار

چلا کترا کے کیا کیا پیچ و خم سے
جھجکتا ہے یہ آواز قدم سے

کسی سوراخ میں دن کاٹتا ہے
سویرے اٹھ کے شبنم چاٹتا ہے

کرو چشم حقیقت بیں سے تمیز
کہ سمجھے ہو جسے تم سخت ناچیز

اسے قدرت نے زریں پر دیے ہیں
کچھ اک سبزی و سرخی بھی لیے ہیں

تمہیں لگتی ہے اچھی مور کی دم
کہ خوش ہوتے ہو اس کو دیکھ کر تم

جو دیکھو ناچ اس کا دور ہی سے
تو اس پر لوٹ ہو جاتے ہو جی سے

مگر کیڑے کو بھی سمجھو نہ ہیٹا
یہ مانا خاک مٹی میں ہے لیٹا

نہ بے پروائی سے چلیے جھپٹ کر
قدم رکھیے ذرا کیڑے سے ہٹ کر

کہ ہے دونوں سے دانا دیکھ سکتا
نمونے دو ہیں کاریگر ہے یکتا

ہے دونوں ہی میں یکساں دستکاری
کسے ہلکی کہیں اور کس کو بھاری

ہے ان دونوں کو اس کا لطف حاصل
کہ بخشا ہے برابر عیش کامل

اگر ہے خوبصورت مور پیارا
تو کیڑا بے گنہ کیوں جائے مارا

تو ہے ننھی سی جان اس کی تڑپتی
ہے تم جیسا ہی اک جاں دار وہ بھی

☆ یہ نظم ۱۸۶۷ء میں ایک انگریزی پوئٹری سے مولانا اسماعیل میرٹھی نے ترجمہ کیا تھا۔

قانع مفلس

سو ہزار ایکڑ ہے کلّن کی زمیں
ملک میری ایک بھی ایکڑ نہیں

ہے محل اس کا نہایت شان دار
اور ہمارا جھونپڑا ہے تنگ و تار

ان گنت ہے اس کی نقدی اور مال
ایک پائی کے لیے میں پائمال

اس کا رتبہ ہے بڑا عزت بڑی
میرے سر پر خاک ذلت کی پڑی

ہے زمیں دار آج کلّن واقعی
زر سے پر ہے اس کا دامن واقعی

پر جہاں تک میری جاتی ہے نظر
ملک سب اپنی ہی آتی ہے نظر

لطف جو اس حال میں ہے بالیقیں
دولت دنیا میں آدھا بھی نہیں

سست ہے کلّن بایں ناز و نعم
میں ہوں چاق و چست ہر دم تازہ دم

واں امیرانہ ہے مخمل کا لباس
میں ہوں مفلس میری پوشش ہے پلاس

وہ ہے قیدی، پائے بند ملک و مال
اور میں آزاد ہوں مثل خیال

ڈاکٹر واں بیس ہیں بہر علاج
یاں نہیں ہے ایک کی بھی احتیاج

ہے مصیبت مال و دولت میں بڑی
موت کا دھڑکا ہے اس کو ہر گھڑی

لطف قدرت کا نہیں اس کو نصیب
یہ بہار بے خزاں بھی ہے عجیب

یہ بیاباں یہ سمندر یہ ہوا
گونجتی ہے ان میں قدرت کی نوا

کان سے کلّن کی لیکن دور ہے
وہ تو دولت کے نشہ میں چور ہے

راگنی قدرت کی ہر دم ہے چھڑی
میں تو ہوں اس لَے کا دیوانہ سڑی

☆ یہ نظم بھی ۱۸۶۷ء میں ایک انگریزی پوئٹری سے ترجمہ کی گئی تھی۔

موت کی گھڑی

جب کہ طوفاں ہو زندگی میں بپا
گھیر لیں ہر طرف سے موج و ہوا
جب کہ لغزش میں پاؤں تیرا ہو
اور آنکھوں تلے اندھیرا ہو
بلکہ ہوش و حواس بھی ہوں جدا
ڈر نہ زنہار ، رکھ نظر بخدا
تھام دل کو نہ خوف کر نہ ہراس
کہ نگہ باں ہے تیرا تیرے پاس
تھا جو ایام عیش کا ہمدم
ہم پیالہ شریکِ شادی و غم
لہو و بازی میں ساتھ رہتا تھا
ہر گھڑی نرم و گرم سہتا تھا
آنکھ تجھ سے اگر چرا جائے
ابر غم جب کہ تجھ پہ چھا جائے
اس محبت کا دل میں باندھ خیال
جس کو ہرگز نہیں ہے بیم و زوال
آرزوئیں تھیں وہ جو دل میں بھری
ٹمٹماتے چراغ تھے سحری
کر دے ان وسوسوں کو دل سے دور
اس محبت کو دیکھ جو ہے سرور
ہے شگفتہ ازل سے تا بہ ابد
نہ کبھی خاتمہ نہ اس کی حد
جب عزیز و قریب یار نہ ہوں
دوستداری میں استوار نہ ہوں
یعنی فرزند جیسا لخت جگر
اور ہم خانہ جیسے جاں پرور
گر دمِ واپسیں جدا ہو جائیں
وقت کے وقت سب ہوا ہو جائیں
کر توقع نہ غم گساری کی
یاد کر گور کی وہ تاریکی
اس وطن کی طرف ہو راہ سپر
کہ محبت جہاں ہے تازہ و تر
آہ جب آئے موت کی نوبت
آنے والی گھڑی ہو پُر ہیبت
اور گزرے ہوئے زمانہ پر
ڈالتی آئے پردہ سر تا سر
دل کو رکھ تو امید پر شیدا
ہو نہ حسرت نگاہ سے پیدا

☆ یہ نظم بھی ۱۸۶۷ء میں انگریزی پوئٹری سے ترجمہ کی گئی تھی۔

فادر ولیم

نوجواں آدمی نے کی تقریر   اے پدر ولیم اب تو ہو تم پیر
چند موئے سفید ہیں باقی   کہ نمایاں ہے جن میں براقی
لیک ویسے ہی تندرست ہو تم   خوب چاق و دلیر و چست ہو تم
سن کے ولیم نے یوں زباں کھولی   گرۂ پرسش نہاں کھولی
تھی جوانی میں یہ نصیحت یاد   کہ ہے عہد شباب صورت باد
اس لیے طاقت و توانائی   کی نہ ضائع بعہد برنائی
تاکہ انجام کار وقت اخیر   ہوں نہ محتاج ان کا بن کر پیر
بولا پھر وہ جوان نیک شیم   تم تو ہو پیر اے پدر ولیم
اور ناپائدار لطف شباب   ہوتے ہیں کوئی دم کے مثل حباب

مگر ان کا الم نہیں تم کو / حسرت بیش و کم نہیں تم کو
کچھ بیاں کیجیے گا صاف اس کا / تاکہ ہو مجھ پہ انکشاف اس کا
ولیم پیر نے جواب دیا / کیا پسندیدہ با صواب دیا
میں جوانی میں کہتا تھا ہر بار / کہ یہ دن دیرپا نہیں زنہار
اس لیے تھا خیال آئندہ / سوچتا تھا مآلِ آئندہ
تاکہ پاؤں غم و الم سے اماں / نہ رہے حسرت گزشتہ زماں
پھر بھی گویا ہوا جوان لطیف / اے پدر تم تو ہو گئے ہو ضعیف
اور گزرتی ہے زندگانی جلد / چھوڑنی ہے سرائے فانی جلد
ظاہرا کس قدر مسن ہو تم / مگر اس پر بھی مطمئن ہو تم
ہے تمھیں ذوق داستانِ اجل / اور پسندیدہ ہے بیانِ اجل
مدعا یہ ہے کچھ بیاں ہو جائے / راز پوشیدہ تا عیاں ہو جائے
وہ مخاطب ہوا بسوئے جواں / کہ ہے البتہ مجھ کو اطمیناں
کیونکہ ایام نوجوانی میں / موسم عیش و کامرانی میں
میں نے اپنے خدا کو رکھا یاد / نہ کیا اس سے نفس کو آزاد
وہی اب میرا دستگیر ہوا / لطف یزداں عصائے پیر ہوا

☆یہ نظم بھی ۱۸۶۷ء میں انگریزی پوئٹری سے ترجمہ کی گئی تھی۔

انسان کی خام خیالی

اے دیدہ وران دانش آثار　　دنیا میں ہیں کیسے کیسے جاندار
ہاتھی چیونٹی عقاب مکھی　　قدرت نے ہے سب میں بات رکھی
ایسا تو بتاؤ کوئی حیوان　　جیسا ناداں ہے یہ انساں
ہر ایک ہے اپنی راہ چلتا　　جس راہ سے ہے مدعا نکلتا
آرام و خورش جو چاہتے ہیں　　قدرت کی روش نباہتے ہیں
جس چیز سے ہے گزند ان کو　　آتی ہی نہیں پسند ان کو
انساں ہے اگرچہ سب پہ فائق　　مشہور ہے اشرف الخلائق
اڑتا ہے مگر اسی کا خاکا　　پتلا ہے یہ سہو اور خطا کا
ممکن ہی نہیں خیال پرواز　　کرنے لگے بیل صورت باز
یا چھوڑ کے عرصۂ چراگاہ　　غواص ہو مچھلیوں کے ہمراہ
انسان بخلاف حکم قدرت　　کرتا ہے خیال ترک فطرت
ہو دل کو خوشی نہیں یہ ممکن　　جب تک کہ نہ ہو صفائے باطن
یا نفس کہ تابع خرد ہو　　حاصل تب راحت ابد ہو
یا وہ دل صاف اور فیاض　　ہو خود غرضی سے جس کو اعراض
یا صبر کہ خندہ زن ہو اکثر　　مجبوریِ بختِ نا رسا پر
شاکر قسمت ہی پر رہے وہ　　قدرت کو الاہنا نہ دے وہ
یا عقل کہ ہو سلیم و یک سو　　اندوہ سے ہو نہ چیں بابرو
یہ رمز کہ ہو چکے ہویدا　　ہے اصل خوشی انہیں میں پیدا
جو لوگ ہیں عقل سے گزرتے　　بیہودہ خوشی پہ ہیں وہ مرتے
گر ہووے خلاف اس کے مضمون　　باطل ہیں دلائل افلاطون

❖✤❖

کوہ ہمالہ

ہے ہمالہ پہاڑ سر جیون — جس کے اوپر تلے کھڑا ہے بن
بیل بوٹوں سے بن رہا ہے چمن — سبز چوٹی ہرے بھرے دامن
ہے ہراک ڈھانگ اس کی پھلواری — سرد چشمے ادھر ادھر جاری
لالہ خودرو ہے اور اس کے پاس — لہلہاتی ہے خوبصورت گھاس
سیکڑوں قسم کے ہیں پھول کھلے — پیڑ باہم کھڑے ہوئے ہیں ملے
کہیں بن مالنا کہیں بیلا — کہیں اخروٹ اور کہیں کیلا
سال کا کیا ہی خوب جنگل ہے — سورماؤں کا بن کے دنگل ہے
سرو و شمشاد ہیں قطار قطار — ریچھ پھرتے ہیں بن کے چوکیدار
ہیں چٹانوں پہ کودتے لنگور — ایک ہی جست میں وہ پہونچے دور
ہیں ترائی میں ہاتھیوں کے غول — کوئی پائل ہے اور کوئی بکھول
شیر خونخوار شاہ ہے یاں کا — پاڑھے چیتل کو خوف ہے جاں کا
بارہ سنگے غریب پر ہے لتاڑ — سینگ ہیں اس کے جھاڑ اور جھنکاڑ
وہ جو ہے ہند کا بڑا ساگر — واں سے چلتا ہے ابر کا لشکر
کوچ در کوچ روز بڑھتا ہے — پھر ہمالہ پہ آ کے چڑھتا ہے
کبھی دیتا ہے باندھ مینہ کا تار — کبھی کرتا ہے برف کی بھر مار
جا چڑھا یوں پہاڑ پر پانی — کی ہے قدرت نے کیا ہی آسانی
واں سے چشمے بہت ابل نکلے — ندی نالے ہزار چل نکلے

سندھ و ستلج ہیں مغربی دریا اور پورب میں میگھنا گنگا
ہیں یہ دریا بہت بڑے چاروں جن میں بہتا ہے پانی الغاروں
پس سمندر سے جو رسد آئی یوں ہمالہ نے بانٹ کر کھائی
ہوا سرسبز ہند کا میداں تیری حکمت کے اے خدا قرباں
ہند کی سر زمیں ہے اِن ماتا اور ہمالہ پہاڑ جل داتا
اے ہمالہ پہاڑ، تیری شان دنگ رہ جائے دیکھ کر انسان
ساری دنیا میں ہے تو ہی بالا پہونچے جب پاس دیکھنے والا
سامنے اک سیاہ دل بادل دیو کی طرح سے کھڑا ہے اٹل
گھاٹیاں جن میں گونجتی ہے صدا آبشاروں کا شور ہے برپا
دبدبہ اپنا تو دکھاتا ہے گویا میدان کو ڈراتا ہے
ہے مرے دل میں یہ خیال آتا کاش چوٹی پہ تیرے چڑھ جاتا
واں سے نیچے کا دیکھتا میداں جس میں گنگ وجمن ہیں تیز رواں
دو لکیریں سی وہ نظر آتیں دائیں بائیں کو صاف لہراتیں
اس تماشے سے جب کہ جی بھرتا تو شمالی طرف نظر کرتا
شام کو دیکھتا بہار بڑی گویا سونے کی ہے فصیل کھڑی
پھر وطن میں جب آن کر رہتا دوستوں سے یہ ماجرا کہتا

بارش کا پہلا قطرہ

گھنگھور گھٹا تلی کھڑی تھی
پر بوند ابھی نہیں پڑی تھی

ہر قطرہ کے دل میں تھا یہ خطرہ
ناچیز ہوں میں غریب قطرہ

تر مجھ سے کسی کا لب نہ ہو گا
میں اور کی گوں نہ آپ جوگا

کیا کھیت کی میں بجھاؤں گا پیاس
اپنا ہی کروں گا ستیا ناس

آتی ہے برسنے سے مجھے شرم
مٹی پتھر تمام ہیں گرم

خالی ہاتھوں سے کیا سخاوت
پھیکی باتوں میں کیا حلاوت

کس برتے پہ میں کروں دلیری
میں کون ہوں کیا بساط میری

ہر قطرہ کے دل میں تھا یہی غم
سرگوشیاں ہو رہی تھیں باہم

کھچڑی سی گھٹا میں پک رہی تھی
کچھ کچھ بجلی چمک رہی تھی

اک قطرہ تھا کہ بڑا دلاور
ہمت کے محیط کا شناور

فیاض و جواد و نیک نیت
بھڑکی اس کی رگ حمیت

بولا للکار کر کہ آؤ   میرے پیچھے قدم بڑھاؤ
کر گزرو جو ہو سکے کچھ احسان   ڈالو مردہ زمین میں کچھ جان
یارو، یہ ہچر مچر کہاں تک   اپنی سی کرو بنے جہاں تک
مل کر جو کروگے جانفشانی   میدان پہ پھیر دو گے پانی
کہتا ہوں یہ سب سے برملا میں   آتے ہو تو آؤ لو چلا میں
یہ کہہ کے وہ ہو گیا روانہ   "دشوار ہے جی پہ کھیل جانا"
ہر چند کہ تھا وہ بے بضاعت   کی اس نے مگر بڑی شجاعت
دیکھی جرات جو اس سخی کی   دو چار نے اور پیروی کی
پھر ایک کے بعد ایک لپکا   قطرہ قطرہ زمین پہ ٹپکا
آخر قطروں کا بندھ گیا تار   بارش لگی ہونے موسلا دھار
پانی پانی ہوا بیاباں   سیراب ہوئے چمن خیاباں
تھی قحط سے پائمال خلقت   اس مینہ سے ہوئی نہال خلقت
جرات قطرہ کی کر گئی کام   باقی ہے جہاں میں آج تک نام
اے صاحبو قوم کی خبر لو   قطروں کا سا اتفاق کر لو
قطروں ہی سے ہو گی نہر جاری   چل نکلیں گی کشتیاں تمہاری

❖ ❖ ❖

ایک گنوار اور قوس قزح

تھی شام قریب اور دہقاں
میداں میں تھا گلہ کا نگہباں
دیکھی اس نے کمان ناگاہ
جو کرتی ہے مینہ سے ہم کو آگاہ
رنگت میں اس کو عجیب پایا
ظاہر میں بہت قریب پایا
پہلے سے وہ سن چکا تھا اکثر
ہے قوس میں اک پیالۂ زر
مشہور بہت ہے یہ کہانی
افسانہ تراش کی زبانی
ملتی ہے جہاں کماں زمیں سے
ملتا ہے وہ جام زر وہیں سے
سوچا لو جام اور بنو جم
چھوڑو بز و گوسفند کا غم
بیہودہ گنوار اس گماں پر
سیدھا گیا تیر سا کماں پر
دن گھٹنے لگا قدم بڑھایا
امید کہ اب خزانہ پایا
جتنی کوشش زیادہ تر کی
اتنی ہی کمان پرے کو سرکی
پنہاں ہوئی قوس آخر کار
اور ظلمت شب ہوئی نمودار
ناکام پھرا وہ سادہ دہقاں
حسرت زدہ غم زدہ پشیماں

ترک تکبر

بلندی سے چلا سیلاب پر زور | پہاڑی گھاٹیوں میں مچ گیا شور
ہوا اس تیزی و تندی سے جاری | کہ تھی سنگ گراں پر ہول طاری
شجر تو کیا اٹھاتے اس کی ٹکر | بہم ٹکرا دیے پتھر سے پتھر
غرض ڈھایا بہایا اور توڑا | پڑا جو سامنے اس کو نہ چھوڑا
اسی زمرہ میں اک لکڑی بھی بہتی | چلی جاتی تھی اور یوں دل میں کہتی
”میں راہ و رسمِ منزل سے ہوں آگاہ | یہ سارا قافلہ ہے میرے ہمراہ
اشاروں پہ مرے چلتا ہے پانی | ہے میرے بس میں دریا کی روانی
مرے دم سے رواں یہ کارواں ہے | مرا تابع ہے جو کوئی یہاں ہے“
قضا را موج نے پلٹا جو کھایا | تو اک پتھر نے لکڑی کو دبایا
کہا لکڑی نے او گستاخ مغرور | مرے دامن سے اپنا ہاتھ رکھ دور
کہ میں ہی بدرقہ ہوں رہنما ہوں | امیر بحر ہوں اور ناخدا ہوں
مجھے او بے ادب کیوں تو نے چھیڑا | جو میں ڈوبی تو بس ڈوبا یہ بیڑا
رکوں گی میں تو رک جائے گا دریا | کڑھے گا اور پچھتائے گا دریا
کہا پتھر نے کہے ساحل سے احوال | کہ ہے ہم سب میں وہ پیر کہن سال
کہی لکڑی نے ساحل سے وہی بات | تو ساحل نے صدا یوں دی کہ ہیہات
ہزاروں مدعی آگے بھی آئے | بہت جوش و خروش اپنے دکھائے
گیا سالم نہ کوئی اس بھنور سے | یہی دیکھا کِیا ہے عمر بھر سے
ہوئے یاں غرق لاکھوں تجھ سے فرعون | نہ پوچھا پھر کسی نے یہ کہ تھے کون
مگر دریا کی باقی ہے وہی آن | وہی رونق ، وہی عظمت ، وہی شان
نہیں دریا کی مواجی میں کچھ فرق | اسے کیا غم ترے کوئی کہ ہو غرق

حیا

او! حیا ، او! پاسبانِ آبرو
نیکیوں کی قوت بازو ہے تو

پاک دامانی پہ تجھ کو ناز ہے
کیا ہی تیرا دل پذیر انداز ہے

کھب گئی جس آنکھ میں تو مثل نور
بد نگاہی سے رہی وہ آنکھ دور

دامن عصمت کو تو رکھتی ہے پاک
ہے سدا جرم و گنہ سے تجھ کو باک

گر نہ ہوتا درمیاں تیرا حجاب
فعل بد سے کون کرتا اجتناب

خواہشوں کو جو نہ تو دیتی لگام
آدمی حیوان بن جاتے تمام

جب خطا کرتی ہے دل میں شور و شر
تو ہی بن جاتی ہے واں سینہ سپر

ذلت و خواری تجھے بھاتی نہیں
تاب رسوائی کی تو لاتی نہیں

تو مذلت کو سمجھتی زہر ہے
اور ملامت تیرے حق میں قہر ہے

مفلسوں کی ہے تو ہی پشت و پناہ
تو سجھاتی ہے عرق ریزی کی راہ

گو تہی دستی کے ہو جائیں شکار
ہے مگر تجھ کو گدائی ننگ و عار

ہے ترے نزدیک مر جانا پسند
پر نہیں ہے ہاتھ پھیلانا پسند

اس قدر تجھ کو نہیں پروائے نان
جس قدر تو آن پر دیتی ہے جان

آبرو کھوتی نہیں از بہر قوت
لب پہ بن جاتی ہے تو مہر سکوت

اغنیا کے دل کو گرماتی ہے تو
بخل و خست سے شرماتی ہے تو

تو سکھا دیتی ہے ان کو بذل مال
زخم خنجر ہے تجھے رد سوال

✤✤✤

کچھوا اور خرگوش

ایک کچھوے کے آ گئی جی میں
کیجیے سیر و گشت خشکی میں
جا رہا تھا چلا ہوا خاموش
اس سے ناحق الجھ پڑا خرگوش
میاں کچھوے، تمہاری چال ہے یہ
یا کوئی شامت اور وبال ہے یہ
یوں قدم پھونک پھونک دھرتے ہو
گویا اتو زمیں پہ کرتے ہو
کیوں ہوئے چل کے مفت میں بدنام
بے چلے کیا اٹک رہا تھا کام
تم کو یہ حوصلہ نہ کرنا تھا
چُلّو پانی میں ڈوب مرنا تھا
یہ تن و توش اور یہ رفتار
ایسی رفتار پر خدا کی مار
بولا کچھوا کہ ہوں خفا نہ حضور
میں تو ہوں آپ معترف بہ قصور
اگر آہستگی ہے جرم و گناہ
تو میں خود اپنے جرم کا ہوں گواہ
مجھ کو جو سخت سست فرمایا
آپ نے سب درست فرمایا
مجھ کو غافل مگر نہ جانیے گا
بندہ پرور برا نہ مانیے گا
یوں زبانی جواب دوں تو کیا دوں
شرط بد کر چلو تو دکھلا دوں
تم تو ہو آفتاب میں ذرہ
پر مٹا دوں گا آپ کا غرہ
سن کے خرگوش نے یہ تلخ جواب
کہا کچھوے سے یوں زروئے عتاب
تو کرے میری ہمسری کا خیال
تیری یہ تاب یہ سکت یہ مجال
چیونٹی کے جو پر نکل آئے
تو یقیں ہے کہ اب اجل آئے
ارے بیباک، بد زباں منہ پھٹ
تو نے دیکھی کہاں ہے دوڑ جھپٹ
جب میں تیزی سے جست کرتا ہوں
شہ سواروں کو پست کرتا ہوں

گرد کو میری باد پا نہ لگے | لاکھ دوڑے مرا پتہ نہ لگے
ریل ہوں برق ہوں چھلاوا ہوں | میں چھلاوے کا بلکہ باوا ہوں
تیری میری نبھے گی صحبت کیا | آسماں کو زمیں سے نسبت کیا
جس نے بھگتے ہوں ترکی و تازی | ایسے مریل سے کیا بدے بازی
بات کو اب زیادہ کیا دوں طول | خیر کرتا ہوں تیری شرط قبول
ہے مناسب کہ امتحاں ہو جائے | تاکہ عیب و ہنر عیاں ہو جائے
الغرض اک مقام ٹھہرا کر | ہوئے دونوں حریف گرم سفر
بسکہ زوروں پہ تھا چڑھا خرگوش | تیزی پھرتی سے یوں بڑھا خرگوش
جس طرح جائے توپ کا گولا | یا گرے آسمان سے اولا
ایک دو کھیت چوکڑی بھر کے | اپنی چستی پہ آفریں کر کے
کسی گوشہ میں سو گیا جا کر | فکر کیا ہے چلیں گے ستا کر
اور کچھوا غریب آہستہ | چلا سینہ کو خاک پر گھستا
سوئی گھنٹے کی جیسے چلتی ہے | یا بتدریج چھاؤں ڈھلتی ہے
یوں ہی چلتا رہا بہ استقلال | نہ کیا کچھ ادھر ادھر کا خیال
کام کرتا رہا جو پے در پے | کر گیا رفتہ رفتہ منزل طے
حیف، خرگوش رہ گیا سوتا | ثمرہ غفلت کا اور کیا ہوتا
جب کھلی آنکھ تو سویرا تھا | سخت شرمندگی نے گھیرا تھا
صبر و محنت میں ہے سرافرازی | سست کچھوے نے جیت لی بازی
نہیں قصہ یہ دل لگی کے لیے | بلکہ عبرت ہے آدمی کے لیے
ہے سخن اس حجاب میں روپوش | ورنہ کچھوا کہاں کہاں خرگوش

❖❖❖

مناقشۂ ہوا و آفتاب

باد صحرا نے کہا یوں اک روز	مہر تاباں سے کہ اے گیتی فروز
تو ہے علوی اور میں سفلی مگر	زور بازو میں ہوں میں تجھ سے زبر
نیر اعظم نے فرمایا کہ ہاں	ہو اگر ثابت زروئے امتحاں
ورنہ ہے پادر ہوا یہ قال و قیل	ہیچ ہے دعویٰ نہ ہو جب تک دلیل
بولی جو یوں ہے تو اچھا یوں سہی	ہاتھ کنگن کے لیے کیا آرسی
آئیے زور آزمائی کیجیے	اس بکھیڑے کی صفائی کیجیے
اک مسافر اپنی دھن میں تھا رواں	اس کو ان دونوں نے تاکا ناگہاں
ہو گئے آپس میں طے قول و قرار	جو لبادہ لے مسافر کا اتار
بس اسی کے نام کا ڈنکا بجے	سر پہ دستار فضیلت وہ سجے
پھر تو آندھی بن کے چل نکلی ہوا	ایسی بپھری کر دیا طوفاں بپا
اونچے اونچے پیڑ تھرانے لگے	جھوک سے جھوکوں کی چرانے لگے
نونہالوں کی کمر بل کھا گئی	پھول پتوں پر قیامت آ گئی

کانپ اٹھے دشت کے کل وحش وطَیر — مانگتے تھے اپنے اپنے دم کی خیر
ہو گیا دامان صحرا گرد برد — گھر گیا آفت میں وہ صحرا نورد
چاہتی تھی لوں لبادہ کو اچک — مدعی کو دوں سر میدان زک
جب ہوا لیتی تھی چکر میں لپیٹ — بیٹھ جاتا تھا وہ دامن کو سمیٹ
سینہ زوری سے نہ چوری سے ڈری — کرسکی لیکن نہ کچھ غارت گری
باندھ لی کس کر مسافر نے کمر — تا ہوا کا ہو نہ کپڑوں میں گزر
تھک گئی آخر نہ اس کا بس چلا — ٹل گئی سر سے مسافر کے بلا
اب تھما جھکڑ تو نکلا آفتاب — روئے نورانی سے سرکائی نقاب
تمکنت چہرے سے اس کے آشکار — چال میں اک بردباری اور وقار
وہ ہوا کی سی نہ تھی یاں دھوم دھام — کر رہا تھا چپکے چپکے اپنا کام
دھیمی دھیمی کرنیں چمکانے لگا — رفتہ رفتہ سب کو گرمانے لگا
اس مسافر کو پسینا آ گیا — کھول ڈالے بند جی گھبرا گیا
اور آگے کو بڑھا تو دھوپ سے — تن بدن میں کچھ پتنگے سے لگے
اب لبادہ کو لیا کاندھے پہ ڈال — بدلی یوں نوبت بہ نوبت چال ڈھال
جب چڑھا خورشید سمت الراس پر — بیٹھ کر سایہ میں پھر تو گھاس پر
دور پھینکا اس لبادہ کو اتار — واہ رے سورج، لیا میدان مار
تیزی و تندی کے گرویدہ ہیں سب — کامیابی کا مگر ہے اور ڈھب
اس کا گر ہے نرمی و آہستگی — سرکشی کی رگ اسی سے ہے دبی

ناقدردانی

کہیں اک لعل کیچڑ میں پڑا تھا
نہ قامت بلکہ قیمت میں بڑا تھا

کوئی دہقاں اٹھا کر لے گیا گھر
وہ کیا جانے یہ پتھر ہے کہ جوہر

نیا تحفہ جو بچے کو دکھایا
کہا ، ہا ہا ہا ، کھلونا ہم نے پایا

ہوئی جب لعل کی واں یہ مدارات
تو بولا حسرتا ہیہات ہیہات

نہیں اس گھر میں میری قدر ممکن
کہ اندھوں کے لیے کیا رات کیا دن

اگر پاتا مجھے کوئی نظر باز
تو کرتا اپنی قسمت پر وہ سو ناز

جو لے جاتا مجھے تا درگہ شاہ
تو مالا مال ہوتا حسب دلخواہ

اری نا قدر دانی تجھ پے لعنت
کہ ہے تجھ کو مساوی نور و ظلمت

سمجھ لیتی ہے عیبوں کو ہنر تو
ہنر کی توڑ دیتی ہے کمر تو

خدا محفوظ رکھے ہر بلا سے
خصوصاً تیری نالائق جفا سے

کہ ہے اندھے کی لاٹھی تیری بیداد
جہاں میں داد ہے جس کی نہ فریاد

جنگ روم و روس

حالات روم سے ہمیں دن رات کام ہے
اخبار کا ورق نہیں خوان طعام ہے

کیسے خیال جنگ میں روزے گزر گئے
معلوم بھی نہیں کدھر آئے کدھر گئے

سوجھا نہ اور کچھ ہمیں اس بھوک پیاس میں
دن کاٹتے رہے انہی خبروں کی آس میں

روزہ خبر بغیر ہمیں بار ہو گیا
آیا جو تار فتح تو افطار ہو گیا

چھٹکی ہوئی ہے چاندنی اور صاف آسماں
چپ چاپ ہے زمین تو سنسان ہے جہاں

پتا بھی دیکھئے تو کھڑکتا نہیں کوئی
طائر بھی آشیاں میں پھڑکتا نہیں کوئی

خلق خدا پڑی ہوئی سوتی ہے بے خبر
بجنے لگا ہے اتنے میں نقارہ سحر

اس وقت جاگتے ہیں تو آتا ہے یہ خیال
اے ماہ کیا ہے خطۂ بلغیریا کا حال

کیا اب بھی گونجتا ہے وہ میدان توپ سے
آتش فشاں ہے لشکر عثمان توپ سے

بلقان کے دروں میں سلیمان صف شکن
کیا اب بھی ہے غنیم کے لشکر میں شعلہ زن

کیا خیمہ زن ہوئی ہے محمد علی کی فوج
یا خبترہ کی سمت رواں ہے مثال موج

بیکر کے شہسوار ہیں کس داروگیر میں
کیا غلغلہ ہے کوچ کا ترکی بیر میں

کیا اب بھی ترکتا زمین ترکی سوار ہیں
جن غازیوں کے تیغ سے روسی فگار ہیں

کیا کر رہی ہے احمد مختار کی سپاہ
فیروزمند غازی جرار کی سپاہ

اے ماہ نور بار سفر میں ہے تو مدام — حالات جنگ کے تجھے معلوم ہیں تمام
تو جا کے معرکہ میں چمکتا ہے رات بھر — اور سیر دیکھنے کو ٹھٹھکتا ہے رات بھر
کرتے تھے اس طرح سے خیالی خطاب ہم — جب دیکھتے تھے لطف شب ماہ تاب ہم
لیکن ہجوم اب تو ہے ابر بہار کا — ہے آسمان نمونہ صف کارزار کا
بجلی کے کوندنے میں ہے شمشیر کی ادا — اور بادلوں کی گھور گرج توپ کی صدا
یوں ابر جھوم جھوم کے آتا ہے بار بار — شپکا پے جیسے حملہ ترکان ذی وقار
بد دل ہے فوج روس تو ہو اور بھی خراب — عثمانیوں کے دبدبہ ہو جائے کامیاب
ہے یہ دعائے شام یہ ہی نالہ سحر — ہوں ترک فتحیاب خدا یا بکر و فر
عثمان پر جو لشکر روسی کا ہے ہجوم — ابر سیہ کی طرح سے آتا ہے جھوم جھوم
خود زار بھی گیا ہے کمال غرور سے — اور فوج جمع کی ہے بہت دور دور سے
عثمان یا خدا انہیں زیر و زبر کرے — سیلاب خون روس سے مٹی کو تر کرے
ترکوں کو ایسی شوکت و شان و جلال دے — جو زلزلہ غنیم کے لشکر میں ڈال دے
مشرق کی سمت سے ہو سلیمان گرم کار — افواج زار وچ کو دکھا وے رہ فرار
بلغیریا میں ختم ہو ہنگامہ جنگ کا — رومانیہ نشانہ ہو ترکی تفنگ کا
دم بند روسیوں کا ہو صمصام ترک سے — بھاگے سپاہ روس فقط نام ترک سے
محمود روز عید ہے دل سے دعا کرو — حامد یہ التجا بحضور خدا کرو
ترکی سپاہ میں علم فتح ہو بلند — پہنچے سپاہ زار کو آزار اور گزند

یہ مثنوی یکم شوال ۱۲۹۴ھ مطابق ۱۹/ اکتوبر ۱۸۷۷ء میں لکھی گئی۔

مکالمۂ سیف و قلم

سیف و قلم میں جو ہوئی دوبدو
شوق ہے تم کو تو سنو مُو بہ مُو

خامہ لگا کہنے کہ او تیغ تیز
تجھ سے بھلا کس کو مجال ستیز

آب وہ تیری کہ نہ ٹھہرے نگاہ
آنچ وہ تیری ، کہ خدا کی پناہ

رہزن سفاک کی یاور ہے تو
خون کے دریا کی شناور ہے تو

سیکھے ستم کس ستم ایجاد سے
شور ہے برپا تری بیداد سے

شوخی و بے باکی و تیزی میں برق
آگ ہے اور آب میں رہتی ہے غرق

تند مزاجی میں تو شداد ہے
بیضۂ فولاد کی اولاد ہے

آتش سوزاں کا پیا تو نے دود
اس لیے جاں سوز ہے تیرا وجود

حیف تیری سختی و آہن دلی
نوع بشر کی ہے تو دشمن دلی

خرمن ہستی میں لگاتی ہے آگ
عافیت و امن سے رکھتی ہے لاگ

گو کہ مجلا ہے تو آئینہ دار
تیرہ درونی ہے تیری آشکار

تیری گھٹی میں پڑا زہر ہے
چال قیامت تو ادا قہر ہے

فتنۂ عالم ہے تیرا بانک پن
شوخی و شنگی ہے تیرا خاص فن

شکل انوکھی تو نرالی ہے دھج
جسم بھی خمدار طبیعت بھی کج

قحط زدوں کا سا تن و توش ہے
کھانے پہ ڈھوکے تو بلا نوش ہے

عرصۂ راحت ہے ترے دم سے تنگ
ایسی لڑاکا کہ بنی خانۂ جنگ

تیری جبلت ہے فسوق و جدال
ناحق و حق کا نہیں تجھ کو خیال

قتل کا رکھتی ہے بہت چاؤ تو
رن میں کیا کرتی ہے ستھراؤ تو

اف نہ کرے لاکھ گلے کاٹ کر — جی نہ بھرے تیرا لہو چاٹ کر
خلق خدا تجھ سے ہے آزار کش — کرتی ہی رہتی ہے سدا چپقلش
بحر فنا کہیے ترے گھاٹ کو — جس نے دیے سینکڑوں بیڑے ڈبو
گرچہ سراپا ہے ترا آب گون — پر تری چتون سے ٹپکتا ہے خون
تو نے اجاڑیں بہت آبادیاں — چھین لیں اقوام کی آزادیاں
تو نے کروڑوں کیے بچے یتیم — لاکھوں ہی باپوں کے کیے دل دو نیم
لے گئی ماؤں کی کمائی کو لوٹ — رہ گئیں بیچاریاں چھاتی کو کوٹ
دلہنیں روتی ہیں تیری جان کو — ساتھ ہی لے جائیں گی ارمان کو
موتیوں سے مانگ تھی جن کی بھری — ان سے کراتی ہے تو گدیہ گری
تو نے رفیقوں کو رلایا ہے خوں — غم سے عزیزوں کو ہوا ہے جنوں
تفرقہ پرداز، یہ کیا کر دیا ؟ — گوشت کو ناخن سے جدا کر دیا
شیوہ ترا شہرۂ آفاق ہے — خوں خرابہ میں تو مشاق ہے
چاہتی ہے بغض و عداوت کو تو — انس و محبت کی نہیں تجھ میں بو
تیری دغا بازی ہے ضرب المثل — غیر ہے قبضہ سے گئی جب نکل
تو نے وفا کی نہیں پٹی پڑھی — اس کی ہوئی جس کے تو ہتے چڑھی
کون کرے تجھ سے رفاقت کی آس — کچھ نہیں تجھ کو حق صحبت کا پاس
رکھتی نہیں سابقہ لطف یاد — کور نمک ہے ترا کیا اعتماد
میل حریفوں سے یگانوں سے چھوٹ — نکلے گا مالک کا نمک پھوٹ پھوٹ
مملکتیں خاک سیہ تو نے کیں — تیری قساوت نے اجاڑی زمیں

بستیاں کرتی ہیں پڑیں بھائیں بھائیں
مقبرے آباد ہیں کچھ دائیں بائیں

اٹھے تیری ذات سے جو جو فساد
اہل تواریخ کو کچھ کچھ ہیں یاد

ثبت جریدہ انھیں میں نے کیا
ہے وہ خلاصہ تری روداد کا

تو ہی بھرت کھنڈ کی بھارت میں تھی
تیری خوشی جانوں کی غارت میں تھی

ہند کے جودھا تھے بڑے سور بیر
کھا گئی تو سب کو دم دارو گیر

تو نے نصیحت نہ کسی کی سنی
چٹ کیے اس عہد کے گیانی گنی

وادیِ توران میں چمکی کبھی
دیتی تھی ایران کو دھمکی کبھی

باڑھ پہ تیری جو چڑھا پہلواں
نام کو بھی اس کا نہ چھوڑا نشاں

تیری جو ضحاک سے گہری چھنی
قوم کا ہر فرد بنا کشتنی

معرکۂ رستم و افراسیاب
تیری بدولت ہوا زیب کتاب

قتل کا دھبا ترے دامن پہ ہے
خون سیاوش تری گردن پہ ہے

خاک اڑائی یہ تری آب نے
جان دی ناشاد ہی سہراب نے

تو جو طرفدار سکندر ہوئی
خاک میں دارا کو ملا کر ہی سوئی

تخت کیاں کا دیا تختہ الٹ
کر دی یونان کی کایا پلٹ

لشکر یوناں کی جلو جب پھری
باختر و بلخ پہ بجلی گری

تو نے عرب سے جو کیا اتفاق
فارس و روما کی مٹی طمطراق

جب ہوئی فارس پہ تیری دست برد
دخمہ بنی یار گہ یزدگرد

شوکت ساسان کے ڈیرے لدے
بجھ گئے زردشت کے آتشکدے

غرب کی جانب کو جو تو جھک پڑی
شام پہ اک ضرب لگائی کڑی

روم میں برپا کیا شور نشور
دولت ہرقل کا ہوا شیشہ چور

توڑ دیا روم کا سارا طلسم
رہ گیا بے جان مردار سا جسم

ہاشمیوں کا نہ دیا تو نے ساتھ
آل امیہ کا پڑا تجھ پہ ہاتھ

ڈھایا کیا تو نے غضب برملا
گرم کیا معرکۂ کربلا

طرفہ ستمگار ہے عالم میں تو
عید مناتی ہے محرم میں تو

پھٹ نہ گیا کیوں ترا ظالم جگر
ڈوب مری کیوں نہ تو اے خیرہ سر

قہر الٰہی سے جو ڈرتی کبھی
مرتی پہ یہ کام نہ کرتی کبھی

ہند پہ محمود کی لشکر کشی
یاد دلاتی ہے تیری سرکشی

بدل ہوا ایک تیری چال میں
لوٹ پڑی دولت جے پال میں

کیا ہی نظر سوز تھی تیری چمک
دھاک تھی کالنجر و قنوج تک

یاد ہیں کچھ تجھ کو عجب داؤ گھات
توڑ دیا بت کدۂ سومنات

تو نے ہڑپ کر لیے لاکھوں ہی سر
کم نہ ہوئی پر تری جوع البقر

غور سے جس دم تری آندھی چلی
ہند کی سینا میں مچی کھلبلی

رائے پتھورا کا وہ جاہ و جلال
ہو گیا پل مارتے خواب و خیال

بن گئی ہر بزم طرب کدہ
دہلی و اجمیر تھے ماتم کدہ

سوگ میں رانی نے کیا سینہ چاک
آتش سوزاں میں ہوئی جل کے خاک

رائے رہا اور نہ رانی رہی
زیب سخن تیری کہانی رہی

چونک پڑا فتنۂ جنگ تتار
لشکر چنگیز کا اٹھا غبار

چھا گیا اک ابر ستم چار سو
خون کے سیلاب بہے کو بکو

کٹ گئے خوارزم و خراساں کے باغ
زمزمہ بلبل کا بنا شور زاغ

ویلم و بغداد پہ ٹوٹا غضب
درہم برہم ہوئی بزم عرب

صرصر تاراج چلی سر بسر
آگ وہ بھڑکی کہ جلے خشک و تر

تیرے ہی کوتک تھے یہ اے نابکار
کیا کہوں بس تجھ کو خدا کی سنوار

کشور یورپ سے اٹھا غلغلہ
وادی یردن میں پڑا زلزلہ

حرب صلیبی تھی وہ خونخوار جنگ
ٹوٹ پڑا جس کے لیے کل فرنگ

تو جو برہنہ ہوئی او فتنہ گر
تن سے جدا ہو گئے نو لاکھ سر

نکلا تجھے لے کے جو تیمور لنگ
پھونک دیا چار طرف صور جنگ

چوس لیا روس کا خون جگر
داب دیے قاف میں دیووں کے سر

خون سے گل خاک صفاہاں ہوئی
کانپ اٹھی تخنگہ ہند بھی

ناحیۂ شام سے تا حد چیں
مقتل انسان بنا دی زمیں

تو جو بنی ہمدم نپیولین
بول دی یورپ میں صدائے بزن

تاجور اطراف کے تھرا گئے
ناک میں ہمسایوں کے دم آ گئے

جب ہوئی نادر کی تو زیب کمر
خلق خدا بول اٹھی الحذر

حضرت دہلی کنف عدل و داد
جس کو کیا تھا کبھی خسرو نے یاد

اس کی یہ حالت ہوئی زار و زبوں
کوچہ و برزن میں بہی جوئے خوں

دینے لگے اس میں صدا خوف و بیم
زلزلہ الساعتہ شیءٔ عظیم

کیجئے القصہ کہاں تک بیاں
فرد مظالم ہے تری داستاں

میری غرض تیری فضیحت نہیں
بلکہ بجز پند و نصیحت نہیں

تند تھی از بسکہ صریرِ قلم — سن کے ہوئی تیغ دو دم بھی علَم
آتشِ غیظ اس کی بھڑکنے لگی — بجلی کی مانند کڑکنے لگی
ڈانٹ کر بولی کہ خبردار ہو — اب مری باری ہے لے ہشیار ہو
بد ہوں خدا جانے کہ ہوں نیک میں — رکھتی ہوں دل اور زباں ایک میں
مجھ کو دو رنگی نہیں بھاتی ذرا — میل ملاتی نہیں کھوٹا کھرا
مہر ہو تو مہر جو کیں ہو تو کیں — یک جہتی ہے مرا آئین و دیں
بات کی ہرگز نہیں زنہار پیچ — میرا خمیر اور مرا کس بل ہے سچ
حجتِ قاطع ہوں میں سرتا بپا — چھوڑتی باقی نہیں تسمہ لگا
جبکہ نہ ہو فصلِ خصومت بہم — میرے سوا کون بنے واں حکم
عیب کہو میرا اسے یا ہنر — فیصلہ دو ٹوک ادھر یا ادھر
تیری طرح کاہے باتیں گھڑوں — لڑنے پہ آؤں تو میں سنمکھ لڑوں
خوب کیا تو نے نکالی جو چھیڑ — دونگی ابھی میں ترے بخیے ادھیڑ
جنگ کا بوتی ہوں اگر بیج میں — سینچ کر پھر اس کو بتدریج میں
پود بڑھاتی ہوں وہ نعم البدل — رفق و مدارا کے لگیں جس میں پھل

✤✤✤

شمعِ ہستی

اے شمع ہستی ، اے زندگانی
بھاتی ہے دل کو تیری کہانی
ہے کوچ تیرا ہر لمحہ جاری
جاتی ہے بگ ٹٹ تیری سواری
بجلی سے بڑھ کر بے تاب ہے تو
یا واہمہ ہے یا خواب ہے تو
کیوں چپ چپاتی ہر دم رواں ہے؟
آئی کہاں سے جاتی کہاں ہے؟
ظاہر ہیں یوں تو سب پر ترے گن
لیکن نہ پایا تیرا سر و بن
گزرا نہ کوئی اس ہفت خواں سے
جاہل ہیں تیرے سر نہاں سے
فی الجملہ ہمت سب ہار بیٹھے
ہیں سر بزانو ناچار بیٹھے
اے زندگانی، اے شمع ہستی
سونی پڑی تھی تجھ بن یہ بستی
چاروں طرف تھی چھائی اندھیری
ناگاہ اٹھی اک ڈیک تیری
وہ ڈیک تھی بس نورٌ علیٰ نور
کاہے کو رہتی پردہ میں مستور
پھولوں میں جھلکی تاروں میں چمکی
بخشی جہاں کو رونق ارم کی
ہوتا نہ یاں جو تیرا ٹھکانا
چوپٹ ہی رہتا یہ کارخانہ
کیا پھونک ماری دنیا کے تن میں
گویا لگا دی دوں خشک بن میں
بزم جہاں میں رونق ہے تجھ سے
اس میکدہ میں ہُوحق ہے تجھ سے
ہے تیرے دم سے اے عالم آرا
بزم عروسی میں آفاق سارا
سرگرم ہے تو جادوگری میں
ہیں تیرے عشوے خشکی تری میں
مٹی کا جوبن تو نے نکھارا
دے دے کے چھینٹے اس کو ابھارا
بے حس کو بخشا احساس تو نے
دی مشت گل کو بو باس تو نے

تھی بھولی بھالی بھونڈی بھنگم — تو نے سکھایا اس کو خم و چم

کرتب سے تیرے سانچے میں ڈھل کر — کندن سے نکلی رنگت بدل کر

ٹھکرا کے تو نے جب کہہ دیا 'قم' — اٹھ بیٹھی فوراً کرتی تبسم

بھولی ہے اپنی اوقات پہلی — پھرتی ہے خوش خوش کیا اہلی گہلی

پاتی ہے خلقت جب تیری آہٹ — ہوتی ہے پیدا اک گدگداہٹ

مچتا ہے پھر تو اودھم غضب کا — بجتا ہے ڈنکا عیش و طرب کا

کہتی ہے دنیا ”تو ہے تو کیا غم — تو آئے نت نت تو آئے جم جم“

جیتے ہیں جب تک مرتے ہیں تجھ پر — سب کچھ تصدق کرتے ہیں تجھ پر

کیا مال ہے جو تیرے سوا ہے — تو ہی نہ ہو تو سب پروھتا ہے

اے سب کی پیاری سب کی چہیتی — کہہ منہ زبانی کچھ آپ بیتی

”قدرت کے گھر کی میں لاڈلی ہوں — ناز و نعم سے برسوں پلی ہوں

تقویم احسن میرا لگن تھا — فردوس اعلیٰ میرا وطن تھا

حور و ملک کی آبادیاں تھیں — بے فکریاں تھیں آزادیاں تھیں

چلتی تھی ہر دم باد بہاری — شیر و عسل کی نہریں تھیں جاری

میری ادا پہ مرتے تھے قدسی — سجدہ پہ سجدہ کرتے تھے قدسی

تکریم میری ہوتی تھی از حد — ہیں داستانیں جس کی زباں زد

پھر دیس چھوٹا گزری سو جھیلی — پردیسیوں کا اللہ بیلی

پل مارنے کا ہے یاں بسیرا — حب وطن ہے ایمان میرا

آب و ہوا میں دشت و جبل میں — میری رسائی ہے ہر محل میں

لیکن یہاں میں خلوت نشیں ہوں ہوں اس طرح پر گویا نہیں ہوں
خواب گراں کی حالت ہے طاری مستی میں گم ہے سب ہوشیاری
جب آتے آتے سبزہ میں آئی کروٹ بدل کر میں لہلہائی
انگڑائیاں لیں منہ کھول ڈالا پر آنکھ سے کچھ دیکھا نہ بھالا
داخل ہوئی جب حیواں کے تن میں اک شور اٹھا اس انجمن میں
انساں کا جامہ جب میں نے پہنا اللہ رے میں کیا میرا کہنا
کس کس جتن سے میں نے بنایا رتبہ بہ رتبہ پایہ بہ پایہ
جامد کو نامی کو حیواں حیواں کو وحشی وحشی کو انساں
پھیلایا میں نے کیا کیا بکھیڑا شادی و غم کے ارگن کو چھیڑا
نیکی بدی کے میلے جمائے جھوٹ اور سچ کے سکے چلائے
جو ناچ میں نے جس کو نچایا وہ ناچتے ہی اس کو بن آیا
القصہ ہوں میں وہ اسم اعظم ہے جس کے بس میں تسخیر عالم
کچھ کچھ کھلے ہیں انداز میرے دیکھے ہیں کس نے اعجاز میرے
مجھ کو نہ سمجھو تم آج کل کی ہوں موج مضطر بحر ازل کی
رکھوں کی جاری یونہی سفر میں قعر ابد کی لوں گی خبر میں
ہے میری ہستی اک طرفہ مضموں کچھ بھی نہیں ہوں پر میں ہی میں ہوں
سنتے رہو گے میری کہانی جب تک ہے باقی دنیائے فانی

کوّا

کوّے ہیں سب دیکھے بھالے
چونچ بھی کالی پر بھی کالے
کالی کالی وردی سب کی
اچھی خاصی اُن کی ڈھب کی
کالی سینا کے ہیں سپاہی
ایک سی صورت ایک سیاہی
لیکن ہے آواز بُری سی
کان میں جا لگتی ہے چھُری سی
یوں تو ہے کوّا حرص کا بندہ
کُچھ بھی نہ چھوڑے پاک نہ گندہ
اچھی ہے پر اُس کی یہ عادت
بھائیوں کی کرتا ہے دعوت
کوئی ذرا سی چیز جو پالے
کھائے نہ جب تک سب کو بُلا لے
کھانے دانے پر ہے گرتا
پیٹ کے کارن گھر گھر پھرتا
دیکھ لو ! وہ دیوار پہ بیٹھا
غُلّہ کی ہے مار پہ بیٹھا
کیوں کر باندھوں اُس پہ نشانا
بے صبرا چوکنّا سیانا
کائیں کائیں پنکھ پسارے
کرتا ہے یہ بھوک کے مارے

تاک رہا ہے کونا کھترا
کچھ دیکھا تو نیچے اُترا

اُس کو بس آتا ہے اُچھلنا
جانے کیا دو پاؤں سے چلنا

اُچھلا ، کودا لپکا سُکڑا
ہاتھ میں تھا بچّہ کے ٹکڑا

آنکھ بچا کے جھٹ لے بھاگا
واہ رے تیری پھرتی کاگا !

ہا ہا کرتے رہ گئے گھر کے
یہ جا وہ جا چونچ میں بھر کے

پیڑ پہ تھا چڑیا کا بسیرا
اُس کو ظالم نے جا گھیرا

ہاتھ لگا چھوٹا سا بچّا
نوچا پھاڑا کھا گیا کچّا

چڑیا رو رو جان ہے کھوتی
ہے ظالم کی جان کو روتی

چیں چیں چیں چیں دے کے دُہائی
اپنی بپتا سب کو سُنائی

کون ہے جو فریاد کو پہنچے
بے چاری کی داد کو پہنچے

پکنے پر جب مکّا آئی
کوّوں نے جا لوٹ مچائی

دودھیا بھُٹّا چونچ سے چیرا
سَچ مُچ کا ہے اُٹھائی گیرا

رکھوالے نے پائی آہٹ
گوپھن لے کر اُٹھّا جھٹ پٹ

” ہریا ہریا “ شور مچا کر
ڈھیلا مارا تڑ سے گھُما کر

سُن کے تڑاقا کوّا بھاگا
تھوڑی دیر میں پھر جا لاگا

لالچ خورا ڈھیٹ نڈر ہے
ڈانکو سے کچھ اِس میں کسر ہے؟

ڈانکو ہے یا چور اُچکّا
پَر ہے اپنی دھُن کا پکّا

✤✤✤

صفتِ شیخ

شیخ کہتے ہیں اسے جو پیر ہو
بال بال ایسا کہ جوئے شیر ہو
کچھ نہ باقی ہو سیاہی کی جھلک
بن گیا ہو برف سر سے پانو تک
وہ سیاہی کیا ہے ؟ اوصاف بشر
مونچھ داڑھی کی سیاہی سے نہ ڈر
مونچھ داڑھی یا سیہ ہو یا سفید
ہو نہ ہو یاں کچھ نہیں اس کی قید
ہے سیہ بالوں سے ہستی مدعا
پیر وہ ہے جس نے دی ہستی مٹا
چھٹ گیا جو ہستی موہوم سے
مسند پیری پہ بیٹھا دھوم سے
اور اگر باقی ہے ہستی بال بھر
پیر نابالغ ہے وہ یعنی بشر
جس میں اوصاف بشر کی ہے لتھیڑ
شیخ وہ ہرگز نہیں الا ادھیڑ
کڑبڑی داڑھی نہیں مقبول حق
ہے ابھی تک اس میں ہستی کی رمق
جب نہ ہو باقی رواں کوئی سیاہ
تو سمجھئے اس کو شیخ دیں پناہ
لا کی کنگھی کڑبڑی داڑھی میں کر
تا کہ پر زاغ ہوں بگلے کے پر

رباعیات

استقلال

تیزی نہیں منجملۂ اوصاف کمال
کچھ عیب نہیں اگر چلو دھیمی چال
خرگوش سے لے گیا ہے کچھوا بازی
ہاں راہ طلب میں شرط ہے استقلال

بدنام کنندہ نکو نامے چند

جو صاحب مکرمت تھے اور دانش مند
وہ لوگ تو ہو گئے زمیں کے پیوند
پوچھو نہ انہیں جو رہ گئے ہیں باقی
بدنام کنندہ نکونامے چند

دین و دنیا

دین اور دنیا کا تفرقہ ہے مہمل
نیت ہی پہ موقوف ہے تنقیح عمل
دنیاداری بھی عین دیں داری ہے
مرکوز ہو گر رضائے حق عز و جل

دنیا پرست دیندار

دنیا کے لیے ہیں سب ہمارے دھندے
ظاہر طاہر ہیں اور باطن گندے
ہیں صرف زبان سے خدا کے قائل
دل کی پوچھو تو خواہشوں کے بندے

حب دنیا نشان خامی ہے

یہ قول کسی بزرگ کا سچّا ہے
ڈالی سے جدا نہ ہو تو پھل کچّا ہے
چھوڑی نہیں جس نے حبِ دنیا دل سے
گو ریش سفید ہو مگر بچّا ہے

جھوٹی نفرت

لاکھوں چیزیں بنا کے بھیجیں انگریز
سب کرتے ہیں دندان ہوس ان پر تیز
چڑتے ہیں مگر علوم انگریزی سے
گڑ کھاتے ہیں اور گلگلوں سے پرہیز

اسلاف پر فخر بیجا

اسلاف کا حصہ تھا اگر نام و نمود
پڑھتے پھرو اب ان کے مزاروں پہ درود
کچھ ہاتھ میں نقد رائج الوقت بھی ہے
یا اتنی ہی پونجی، پدرم سلطاں بود

ہر کام کا نتیجہ اپنے لیے ہے

گر نیک دلی سے کچھ بھلائی کی ہے
یا بد منّشی سے کچھ برائی کی ہے
اپنے ہی لیے ہے سب نہ اوروں کے لیے
اپنے ہاتھوں نے جو کمائی کی ہے

وقت رائیگاں نہیں کرنا چاہیے

بے کار نہ وقت کو گزارو یارو
یوں سست پڑے پڑے نہ ہمت ہارو
برسات کی فصل میں ہے ورزش لازم
کچھ بھی نہ کرو تو مکھیاں ہی مارو

اتفاق میں کامیابی ہے اور نا اتفاقی میں تباہی

جب تک کہ سبق ملاپ کا یاد رہا
بستی میں ہر ایک شخص دل شاد رہا
جب رشک و حسد نے پھوٹ ان میں ڈالی
دونوں میں سے ایک بھی نہ آباد رہا

اسراف باعث بربادی ہے

اسراف سے احتراز اگر فرماتے
کیوں گردش ایام سیلی کھاتے
انگشت نما تھی کج کلاہی جن کی
وہ پھرتے ہیں آج جوتیاں چٹخاتے

مراسم میں فضولی

اب قوم کی جو رسم ہے سو اوّل جلول
فاسد ہوئے قاعدے تو بگڑے معمول
ہے عید مہذب، نہ محرم معقول
ہنسنا محمود ہے نہ رونا مقبول

اصلاح قوم دشوار ہے

پانی میں ہے آگ کا لگانا دشوار
بہتے دریا کو پھیر لانا دشوار
دشوار سہی، مگر نہ اتنا جتنا
بگڑی ہوئی قوم کو بنانا دشوار

مسلمانوں کی تعلیم

قلاش ہے قوم تو پڑھے گی کیوں کر
پس ماندہ ہے اب تو پھر بڑھے گی کیوں کر
بچوں کے لیے نہیں ہے اسکول کی فیس
یہ بیل کہو منڈھے چڑھے گی کیوں کر

اپنا عیب نظر نہیں آتا

احوال سے کہا کسی نے اے نیک شعار
تو ایک کو دو دیکھ رہا ہے ناچار
بولا کہ اگر عیب یہ ہوتا مجھ میں
دو چاند جو ہیں، صاف نظر آتے چار

جہد طلب

انسان کو چاہیے نہ ہمت ہارے
میدان طلب میں ہاتھ بڑھ کر مارے
جو علم و ہنر میں لے گئے ہیں بازی
ہر کام میں ہیں انہیں کے وارے نیارے

مشکلات جرأت کی محرک ہوتی ہیں

جس درجہ ہو مشکلات کی طغیانی
ہو اہل ہمم کو اور بھی آسانی
تیراک اپنا ہنر دکھاتا ہے خوب
ہوتا ہے جب اس کے سر سے اونچا پانی

نفس دنا سے بچو

دنیا کا نہ کھا فریب ویران ہے یہ
راحت سے نہ دل لگا کہ مہمان ہے یہ
بچ نفس دنا سے ہے بڑا ہی کافر
کر روح کی پرورش مسلمان ہے یہ

ہمت

تاریک ہے رات اور دریا زخار
طوفان بپا ہے اور کشتی بے کار
گھبرائیو مت کہ ہے مددگار خدا
ہمت ہے تو جا لگاؤ کھیوا اس پار

مقصود عالم انسان ہے

یہ مسئلہ دقیق سنئے ہم سے
آدم ہے مراد ہستی عالم سے
ہم اصل ہیں اور یہ ہمارا سایہ
عالم کا وجود ہے ہمارے دم سے

نیچر انسان کی محکوم ہے

فطرت کے مطابق اگر انساں لے کام
حیوان تو حیوان، جمادات ہوں رام
مٹی، پانی، ہوا، حرارت، بجلی
دانشمندوں کے ہیں مطیع احکام

انسان مظہر الٰہی ہے

کرتا ہوں سدا میں اپنی شانیں تبدیل
طوفان میں تھا نوح تو آتش میں خلیل
فی الحال ہوں ظاہر میں اگر اسمعیل
ہوں عالم باطن میں وہی رب جلیل

مرد خدا کی صحبت بڑی نعمت ہے

دنیا کو نہ تو قبلۂ حاجات سمجھ
جز ذکر خدا سب کو خرافات سمجھ
اک لمحہ کسی مرد خدا کی صحبت
آ جائے میسر تو بڑی بات سمجھ

خدا پر سب کا بھروسہ ہے

اے بار خدا کہ عالم آرا تو ہے
دانائے نہان و آشکارا تو ہے
ہر شخص کو ہے تیرے کرم کی امید
ہر قوم کا آسرا سہارا تو ہے

ذات واحد

خاک نمناک اور تابندہ نجوم
ہیں ایک ہی قانون کے یکسر محکوم
یکسانی قانون کہے دیتی ہے
لاریب کہ ہے ایک ہی رب قیوم

علم حجاب الاکبر ہے

معلوم کا نام ہے نشاں ہے نہ اثر
گنجائش علم ہے بیاں ہے نہ خبر
علم اور معلوم میں دوئی کی بو ہے
اس واسطے علم ہے حجاب الاکبر

نام ونشان

کہتے ہیں سبھی مدام اللہ اللہ
کرتے ہیں برائے نام اللہ اللہ
یہ نام و نشاں بھی نقاب رخ ہیں
کیا خوب ہے انتظام اللہ اللہ

نقش برآب

انکار نہ اقرار نہ تصدیق نہ ایجاب
اعمال نہ افعال نہ سنت نہ کتاب
خود ہے نہ خدا ہے نہ خودی ہے نہ خدائی
توحید کے دریا میں ہیں سب نقش برآب

ترک ذکروفکر

ہوتی نہیں فکر سے کوئی افزائش
چپکے رہنے میں ہے بڑی آسائش
کہنا سننا تو ہے نہایت آساں
کہنے سننے کی ہو اگر گنجائش

اعتراف عجز

عاجز ہے خیال اور تفکر حیراں
بے سود یقیں ہے اور بے ہودہ گماں
کھلتا نہیں عقدہ کھولنے سے کوئی
بنتی نہیں کچھ بات بنائے سے یہاں

ترک فضولی

دیکھا تو کہیں نظر نہ آیا ہرگز
ڈھونڈھا تو کہیں پتا نہ پایا ہرگز
کھونا پانا ہے بے فضولی اپنی
یہ خبط نہ ہو مجھے خدایا ہرگز

ذات کو تغیر نہیں

پر شور الست کی ندا ہے اب بھی
جو تھی وہی آن اور ادا ہے اب بھی
ہوتی نہیں سنت الٰہی تبدیل
جس شان میں ہے وہی خدا ہے اب بھی

فقر

کیفیت و ذوق اور ذکر و اوراد
دین و اسلام اور کفرو اِلحاد
ہر رنگ ہے محو ہر تعلق برباد
ہے فقر تمام علتوں سے آزار

وحدت

نقاش سے ممکن ہے کہ ہو نقش خلاف
ہیں نقش میں جلوہ گر اسی کے اوصاف
ہر شے میں عیاں ہے آفتاب وحدت
گر وہم دوئی نہ ہو تو ہے مطلع صاف

غفلت

اک عالم خواب خلق پر طاری ہے
یہ خواب میں کارخانہ سب جاری ہے
یہ خواب نہیں یہی سمجھنا ہے خواب
گر خواب کا علم ہے تو بیداری ہے

راہ خدا کی انتہا نہیں

جو تیز قدم تھے وہ گئے دور نکل
دیکھے بھالے بہت مقامات و محل
اس راہ کا پر کہیں نہ پایا انجام
یعنی ہے وہی ہنوز روز اول

مشاہدہ

اے بار خدا یہ شور و غوغا کیا ہے ؟
کیا چیز طلب ہے اور تمنا کیا ہے ؟
ہے کم نظری سے اشتیاق دیدار
جو کچھ ہے نظر میں یہ تماشا کیا ہے ؟

کسی خاص کیف کی پابندی غلط ہے

افسردگی اور گرم جوشی بھی غلط
گم گشتگی اور خود فروشی بھی غلط
کچھ کہیے اگر تو گفتگو ہے بیجا
چپ رہئے اگر تو ہے خموشی بھی غلط؟

بے نشانی

بندہ ہوں تو ایک خدا بناؤں اپنا
خالق ہوں تو ایک جہاں دکھاؤں اپنا
ہے بندگی وہم اور خدائی پندار
میں وہ ہوں کہ خود پتہ نہ پاؤں اپنا

قرب

مکشوف ہوا کہ دید حیرانی ہے
معلوم ہوا کہ علم نادانی ہے
ڈالا ہے تلاش قرب نے دوری میں
مشکل ہے یہی بڑی کہ آسانی ہے

ذات باری منزہ ہے

تقریر سے وہ فزوں بیاں سے باہر
ادراک سے وہ بَری گماں سے باہر
اندر باہر ہے وہ نہ پیدا پنہاں
سرحد مکان و لامکاں سے باہر

عبودیت حجاب ربوبیت

ڈھونڈا کرے کوئی لاکھ کیا ملتا ہے ؟
دن کا کہیں رات کا پتہ ملتا ہے ؟
جب تک کہ ہے بندگی خدائی کا حجاب
بندہ کو بھلا کہیں خدا ملتا ہے ؟

تعین

آیا ہوں میں جانب عدم ہستی سے
پیدا ہے بلند پائیگی پستی سے
عجز اپنا بزور کر رہا ہوں ثابت
مجبور ہوا ہوں میں زبردستی سے

آزادی

کافر کو ہے بندگی بتوں کی غم خوار
مومن کے لیے بھی ہے خدائے غفار
سب سہل ہے یہ ولیک ہونا دشوار
آزاد ہو بے نیاز ہو بیکس و بے کار

مظہر

بدلا نہیں کوئی بھیس ناچاری سے
ہر رنگ ہے اختیار سرکاری سے
بندہ شاہد ہے اور طاعت زیور
یہ سانگ بھرا گیا ہے عیاری سے

کثرت لازم وحدت ہے

ہے عشق سے حسن کی صفائی ظاہر
رندی سے ہوئی ہے پارسائی ظاہر
وحدت کا ثبوت ہے ظہور کثرت
بندہ ہی کے دم سے ہے خدائی ظاہر

طلب بے نشانی

یارب کوئی نقش مدعا بھی نہ رہے
اور دل میں خیال ماسوا بھی نہ رہے
رہ جائے تو صرف بے نشانی باقی
جو وہم میں ہے سو وہ خدا بھی نہ رہے

کید عظیم

بایں ہمہ سادگی ہے پرکاری بھی
شوخی بھی ہے اس میں اور عیاری بھی
چھپ چھپ کے ہے تاک جھانک اپنی کرتا
اس سے کوئی سیکھ جائے مکاری بھی

تصوف

ساقی وہی میکش وہی مینا بھی وہی
گویا وہی شنوا وہی جینا بھی وہی
آدم وہی بندہ مولا بھی وہی
ہے بھی وہی تھا بھی وہی ہو گا بھی وہی

لا موجود الا اللہ

ساقی و شراب و جام و پیمانہ کیا؟
شمع و گل و عندلیب و پروانہ کیا؟
نیک و بد و خانقاہ و مے خانہ کیا؟
ہے راہ یگانگی میں بیگانہ کیا؟

ہمت

انسان کو چاہیے نہ ہمّت ہارے
میدانِ طلب میں ہاتھ بڑھ کر مارے
جو علم و ہنر میں لے گئے ہیں بازی
ہر کام میں ہیں اُنھیں کے وارے نیارے

غیر حق نہیں

حق ہے تو کہاں ہے پھر مجال باطل
حق ہے تو عبث ہے احتمال باطل
نا حق نہیں کوئی چیز راہ حق میں
باطل کا خیال ہے خیال باطل

غیر حق نہیں

جو چاہی وہ تو ہے ازل سے موجود
حاصل ہے مراد اور مہیا مقصود
کیا بات ہے اہتمام جہد و طاعات
کیا چیز ہے امتیاز عبد و عبود

❖❖❖

مثلث

اب آرام کرو

جھٹ پٹا سا ہو گیا ہے شام کا
اب کہاں باقی ہے موقع کام کا
صاحبو یہ وقت ہے آرام کا
☆
جانور دن بھر قلانچیں بھر چکے
اپنا اپنا کام پورا کر چکے
صاحبو یہ وقت ہے آرام کا
☆
قصد چڑیوں نے بسیرے کا کیا
ڈھونڈتی ہیں اپنا اپنا گھونسلہ
صاحبو یہ وقت ہے آرام کا
☆
یہ جو کٹ کٹ کر رہی ہیں مرغیاں
ڈھونڈتی ہیں اپنے ڈربے کا نشاں
صاحبو یہ وقت ہے آرام کا
☆
دیکھنا سورج ہے چھپنے کے قریب
تھم گئے چلتے مسافر بھی غریب
صاحبو یہ وقت ہے آرام کا
☆
بھیڑ ، بکری ، اونٹ ، گھوڑا ، گاؤ ، خر
آن پہنچے اپنے اپنے تھان پر
صاحبو یہ وقت ہے آرام کا
☆
لو، کبوتر گر پڑے پر جوڑ کر
لیں گے اپنے چھوٹے بچوں کی خبر
صاحبو یہ وقت ہے آرام کا
☆
اب ہوا کے تیز جھونکے رک گئے
سو گئے پیڑ اور پتے جھک گئے
صاحبو یہ وقت ہے آرام کا
☆
شام کو بستی سے باغوں کی طرف
اڑ چلے کوے بھی مل کر صف بہ صف
صاحبو یہ وقت ہے آرام کا
☆
لو سویرے تک ہمارا بھی سلام
وقت ہے نا وقت کیا کیجے کلام
صاحبو یہ وقت ہے آرام کا
☆
کھلبلی جو دن میں تھی مدھم پڑی
بھنبھناہٹ مکھیوں کی کم پڑی
صاحبو یہ وقت ہے آرام کا

مربع

اچھا زمانہ آنے والا ہے

(۱)

تنے گا مسرت کا اب شامیانہ
بجے گا محبت کا نقارخانہ
حمایت کا گائیں گے مل کر ترانہ
کرو صبر آتا ہے اچھا زمانہ

(۲)

نہ ہم روشنی دن کی دیکھیں گے لیکن
چمک اپنی دکھلائیں گے اب بھلے دن
رکے گا نہ عالم ترقی کیے بن
کرو صبر آتا ہے اچھا زمانہ

(۳)

ہر اک توپ سچ کی مددگار ہوگی
خیالات کی تیز تلوار ہوگی
اسی پر فقط جیت اور ہار ہوگی
کرو صبر آتا ہے اچھا زمانہ

(۴)

زبان قلم سیف پر ہو گی غالب
دبیں گے نہ طاقت سے پھر حق کے طالب
کہ محکوم حق ہو گا دنیا کا قالب
کرو صبر آتا ہے اچھا زمانہ

(۵)

زمانہ نسب کو نہ پوچھے گا ہے کیا
مگر وصف ذاتی کا ڈنکا بجے گا
اسی کو بڑا سب سے مانے گی دنیا
کرو صبر آتا ہے اچھا زمانہ

(۶)

لڑائی کو انسان سمجھیں گے ڈائن
تفاخر پہ ہو گی نہ قوموں میں ان بن
مشیخت کی خاطر اڑے گی نہ گردن
کرو صبر آتا ہے اچھا زمانہ

(۷)

کریں سب مدد ایک کی ایک مل کر
یہی بات واجب ہے ہر مرد و زن پر
لگے ہاتھ سب کا تو اٹھ جائے چھپر
کرو صبر آتا ہے اچھا زمانہ

❖ ❖ ❖

مخمس

اک چھوٹی چیونٹی

بڑی عاقلہ ہے بہت دور بیں ہے
کہ فکر اپنی روزی کا تیرے تئیں ہے
اسی دھن میں پہنچی کہیں سے کہیں ہے
کبھی اپنے دھندے سے غافل نہیں ہے
اری چھوٹی چیونٹی تجھے آفریں ہے

نہیں کام سے شام تک تجھ کو فرصت
ذرا سی تو جان اور اس پر یہ محنت
بہت جھیلتی ہے مشقت مصیبت
نہیں ہارتی پر کبھی اپنی ہمت
اری چھوٹی چیونٹی تجھے آفریں ہے

کبھی کام تو نے ادھورا نہ چھوڑا
کبھی تو نے تکلیف سے منہ نہ موڑا
بہت کام تو نے کیا تھوڑا تھوڑا
ذخیرہ یہ جاڑے کی خاطر ہے جوڑا
اری چھوٹی چیونٹی تجھے آفریں ہے

جو گرمی کی رُت میں نہ کرتی کمائی
تو جاڑے کے موسم میں مرتی بن آئی
تجھے ہوشیاری یہ کس نے سکھائی
سمجھتی ہے اپنی بھلائی برائی
اری چھوٹی چیونٹی تجھے آفریں ہے

نہ کھو وقت سستی میں مہلت ہے تھوڑی
وہی کام کر جس سے مالک ہو راضی
کہ جس نے تجھے زندگانی عطا کی
یہ عمدہ سبق ہم کو دیتی ہے چیونٹی
اری چھوٹی چیونٹی تجھے آفریں ہے

کوشش کیے جاؤ

دکاں بند کر کے رہا بیٹھ جو — تو دی اس نے بالکل ہی ناؤ ڈبو
نہ بھاگو کبھی چھوڑ کر کام کو — توقع تو ہے خیر جو ہو سو ہو

کیے جاؤ کوشش مرے دوستو!

جو پتھر پہ پانی پڑے متصل — تو بے شبہ گھس جائے پتھر مکمل
رہو گے اگر تم یونہی مستقل — تو اک دن نتیجہ بھی جائے گا مل

کیے جاؤ کوشش مرے دوستو!

یہ مانا کہ مشکل بہت ہے سبق — برا ہے مگر اضطراب اور قلق
دوبارہ پڑھو پھر پڑھو ہر ورق — پڑھے جاؤ جب تک ہے باقی رمق

کیے جاؤ کوشش مرے دوستو!

اگر طاق میں تم نے رکھ دی کتاب — تو کیا دو گے کل امتحاں میں جواب
نہ پڑھنے سے بہتر ہے پڑھنا جناب — کہ ہو جاؤ گے ایک دن کامیاب

کیے جاؤ کوشش مرے دوستو!

نہ تم ہچکچاؤ نہ ہرگز ڈرو — جہاں تک بنے کام پورا کرو
مشقت اٹھاؤ مصیبت بھرو — طلب میں جیو، جستجو میں جیو

کیے جاؤ کوشش مرے دوستو!

جو تم شیر دل ہو تو مارو شکار — کہ خالی نہ جائے گا مردوں کا وار
مشقت میں باقی نہ رکھنا ادھار — جو ہمت کرو گے تو بیڑا ہے پار

کیے جاؤ کوشش مرے دوستو!

نہ بھاگو اگر مشکل آ جائے پیش   خوشی سے گوارا کرو نوش و نیش
بنو کاہلی سے نہ گوبرگنیش   وہی دے گا مرہم دیا جس نے نیش

کیے جاؤ کوشش مرے دوستو!

جو بازی میں سبقت نہ لے جاؤ تم   خبردار، ہرگز نہ گھبراؤ تم
نہ ٹھٹکو نہ جھجھکو نہ پچھتاؤ تم   ذرا صبر کو کام فرماؤ تم

کیے جاؤ کوشش مرے دوستو!

مقابل میں خم ٹھوک کر آؤ ہاں   پچھڑنے سے ڈرتے نہیں پہلواں
کرو پاس تم صبر کا امتحاں   نہ جائے گی محنت کبھی رائیگاں

کیے جاؤ کوشش مرے دوستو!

زباں میں بھی ہے فائدہ کچھ نہ کچھ   تمہیں مل رہے گا صلہ کچھ نہ کچھ
ہر اک درد کی ہے دوا کچھ نہ کچھ   کبھی تو لگے گا پتا کچھ نہ کچھ

کیے جاؤ کوشش مرے دوستو!

تردد کو آنے نہ دو اپنے پاس   ہے بیہودہ خوف اور بیجا ہراس
رکھو دل کو مضبوط قائم حواس   کبھی کامیابی کی چھوڑو نہ آس

کیے جاؤ کوشش مرے دوستو!

کرو شوق و ہمت کا جھنڈا بلند   کداؤ اولو العزمیوں کا سمند
اگر صبر سے تم سہو گے گزند   تو کہلاؤ گے ایک دن فتح مند

کیے جاؤ کوشش مرے دوستو!

میرا خدا میرے ساتھ ہے

ہے ہمیشہ میری خدا پہ نظر　　رات ہو دن ہو شام ہو کہ سحر
نہ اجالے میں ہے کسی کا ڈر　　نہ اندھیرے میں کوئی خوف و خطر

کیونکہ میرا خدا ہے میرے ساتھ

شام کا وقت ہو یا سویرا ہو　　چاندنی ہو کہ گپ اندھیرا ہو
مینہ نے آندھی نے مجھ کو گھیرا ہو　　لیک پر ہول دل نہ میرا ہو

کیونکہ میرا خدا ہے میرے ساتھ

جب کہ طوفان کو ہو سناٹا　　سخت اندھیاؤ کا چلے جھونکا
جڑ سے پیڑوں کو دے اکھیڑ ہوا　　میرے دل میں نہ خوف ہو اصلا

کیونکہ میرا خدا ہے میرے ساتھ

ٹوٹ کر آسمان سے تارے　　شب کو گرتے ہیں جیسے انگارے
وہم کرتے ہیں لوگ بے چارے　　میں نہ گھبراؤں خوف کے مارے

کیونکہ میرا خدا ہے میرے ساتھ

چاند سورج کا دیکھ کر گہنا　　میرے ہمجولیوں کو ہے کھٹکا
لوگ کرتے ہیں خوف کا چرچا　　پر مجھے اس کی کچھ نہیں پروا

کیونکہ میرا خدا ہے میرے ساتھ

جب ستارہ طلوع ہو دُم دار　　دُم ہو ایسی کہ چھوٹتا ہے انار
سب پہ طاری ہوں خوف کے آثار　　میرے بھاویں مگر نہ ہو زنہار

کیونکہ میرا خدا ہے میرے ساتھ

میرے رستہ میں ہو اگر میدان　　یا پرانا کوئی کھنڈر سنسان
کوئی مرگھٹ ہو یا ہو قبرستان　　نہ خطا ہوں وہاں مرے اوسان

کیونکہ میرا خدا ہے میرے ساتھ

ہو بیاباں میں گزر میرا　　یا سمندر پہ ہو سفر میرا
دور رہ جائے مجھ سے گھر میرا　　رہے پھر بھی قوی جگر میرا

کیونکہ میرا خدا ہے میرے ساتھ

جب کہ دریا میں آئے طغیانی　　اور ہاتھی ڈباؤ ہو پانی
پار کھیوا نہ ہو بآسانی　　مجھ کو اندیشہ ہو نہ حیرانی

کیونکہ میرا خدا ہے میرے ساتھ

لشکروں کی جہاں چڑھائی ہو　　شہ سواروں نے باگ اٹھائی ہو
اور گھمسان کی لڑائی ہو　　واں بھی ہیبت نہ مجھ پہ چھائی ہو

کیونکہ میرا خدا ہے میرے ساتھ

صبح کی آمد

خبر دن کے آنے کی میں لا رہی ہوں اجالا زمانہ میں پھیلا رہی ہوں
بہار اپنی مشرق سے دکھلا رہی ہوں پکارے گلے صاف چلا رہی ہوں
اٹھو سونے والو کہ میں آ رہی ہوں

میں سب کار بہوار کے ساتھ آئی میں رفتار و گفتار کے ساتھ آئی
میں باجوں کی جھنکار کے ساتھ آئی میں چڑیوں کی چہکار کے ساتھ آئی
اٹھو سونے والو کہ میں آ رہی ہوں

اذاں پر اذاں مرغ دینے لگا ہے خوشی سے ہر اک جانور بولتا ہے
درختوں کے اوپر عجب چہچہا ہے سہانا ہے وقت اور ٹھنڈی ہوا ہے
اٹھو سونے والو کہ میں آ رہی ہوں

یہ چڑیاں جو پیڑوں پہ ہیں غل مچاتی ادھر سے ادھر اڑ کے ہیں آتی جاتی
دُموں کو ہلاتی پروں کو پھلاتی میری آمد آمد کے ہیں گیت گاتی
اٹھو سونے والو کہ میں آ رہی ہوں

جو طوطے نے باغوں میں ٹیں ٹیں مچائی تو بلبل بھی گلشن میں ہے چہچہائی
اور اونچی منڈیروں پہ شاما بھی گائی میں سو سو طرح دے رہی ہوں دہائی
اٹھو سونے والو کہ میں آ رہی ہوں

ہر ایک باغ کو میں نے مہکا دیا ہے نسیم اور صبا کو بھی لہکا دیا ہے
چمن سرخ پھولوں سے دہکا دیا ہے مگر نیند نے تم کو بہکا دیا ہے
اٹھو سونے والو کہ میں آ رہی ہوں

ہوئی مجھ سے رونق پہاڑ اور بن میں　　ہر اک ملک میں دیس میں ہر وطن میں
کھلاتی ہوئی پھول آئی چمن میں　　بجھاتی چلی شمع کو انجمن میں

اٹھو سونے والو کہ میں آ رہی ہوں

جو اس وقت جنگل میں بوٹی جڑی ہے　　سو وہ نولکھا ہار پہنے کھڑی ہے
کہ پچھلے کی ٹھنڈک سے شبنم پڑی ہے　　عجب یہ سماں ہے عجب یہ گھڑی ہے

اٹھو سونے والو کہ میں آ رہی ہوں

ہرن چونک اٹھے چوکڑی بھر رہے ہیں　　کلولیں ہرے کھیت میں کر رہے ہیں
ندی کے کنارے کھڑے چر رہے ہیں　　غرض میرے جلوہ پہ سب مر رہے ہیں

اٹھو سونے والو کہ میں آ رہی ہوں

میں تاروں کی چھاں آن پہنچی یہاں تک　　زمیں سے ہے جلوہ مرا آسماں تک
مجھے پاؤ گے دیکھتے ہو جہاں تک　　کرو گے بھلا کاہلی تم کہاں تک

اٹھو سونے والو کہ میں آ رہی ہوں

پجاری کو مندر کے میں نے جگایا　　موذن کو مسجد کے میں نے اٹھایا
بھٹکتے مسافر کو رستہ بتایا　　اندھیرا گھٹایا ، اجالا بڑھایا

اٹھو سونے والو کہ میں آ رہی ہوں

لدے قافلوں کے بھی منزل میں ڈیرے　　کسانوں کے ہل چل پڑے منہ سویرے
چلے جال کندھے پہ لے کر مچھیرے　　دلدر ہوئے دور آنے سے میرے

اٹھو سونے والو کہ میں آ رہی ہوں

بگل اور طنبور سنکھ اور نوبت بجانے لگے اپنی اپنی سبھی گت
چلی توپ بھی دن سے حضرت سلامت نہیں خوب غفلت، نہیں خوب غفلت
اٹھو سونے والو کہ میں آ رہی ہوں

لو ہشیار ہو جاؤ اور آنکھ کھولو نہ لو کروٹیں اور نہ بستر ٹٹولو
خدا کو کرو یاد اور منہ سے بولو بس اب خیر سے اٹھ کے منہ ہاتھ دھولو
اٹھو سونے والو کہ میں آ رہی ہوں

بڑی دھوم سے آئی میری سواری جہاں میں ہوا اب مرا حکم جاری
ستارے چھپے رات اندھیری سدھاری دکھائی دیے باغ اور کھیت کیاری
اٹھو سونے والو کہ میں آ رہی ہوں

میں پورب سے پچھم پہ کرتی ہوں دھاوا زمیں کے کرہ پر لگاتی ہوں کاوا
میں طے کر کے آئی ہوں چین اور جاوہ نہیں کہتی کچھ تم سے اس کے علاوہ
اٹھو سونے والو کہ میں آ رہی ہوں

خدا قیصرۃ الہند کو سلامت رکھے

عیش و طرب کے ہیں یہاں چہچہے　　کون بھلا جبر کسی کا سہے
کیوں نہ تہِ دل سے رعایا کہے　　جب تک اس اقلیم میں گنگا بہے
قیصرۃ الہند سلامت رہے

ہند کا اس عہد میں بدلا مزاج　　عدل نے اس دور میں پایا رواج
جملہ مفاسد کا ہوا ہے علاج　　سب کی تمنا ہے کہ با تخت و تاج
قیصرۃ الہند سلامت رہے

بس کہ رعایا پہ ہے وہ مہرباں　　کرتی رعایا ہے نثار اس پہ جاں
شرق سے تا غرب کراں تا کراں　　ملک اس آہنگ میں ہے نغمہ خواں
قیصرۃ الہند سلامت رہے

فتنہ تو اس دور سے بس دور ہے　　صلح سے اور امن سے معمور ہے
عافیت اس وقت کا دستور ہے　　اس لیے افواہ میں مذکور ہے
قیصرۃ الہند سلامت رہے

شرق میں ہے فوج مظفر پڑی　　غرب میں ہے سد سکندری کھڑی
نظم و سیاست میں نہیں گُل چھڑی　　سلطنت ہند نہ کیوں ہو بڑی
قیصرۃ الہند سلامت رہے

پرچم اقبال ہے اس کا بلند　　دولت و حشمت کارواں ہے سمند
دھاک ہے تا چین و خطا و یارقند　　ہند کو ہو کس لیے خوف گزند
قیصرۃ الہند سلامت رہے

زور قلم یا دم صمصام ہے　　مد نظر منفعت عام ہے
نیکیوں کا نیک سر انجام ہے　　سب کی دعا صبح تا شام ہے
قیصرۃ الہند سلامت رہے

نظم بے قافیہ

(۱) چڑیا کے بچے

دو تین چھوٹے بچے چڑیا کے گھونسلے میں
چپ چاپ لگ رہے ہیں سینہ سے اپنی ماں کے
چڑیا نے مامتا سے پھیلا کے دونوں بازو
اپنے پروں کے اندر بچوں کو ڈھک لیا ہے
اس طرح روزمرہ کرتی ہے ماں حفاظت
سردی سے اور ہوا سے رکھتی ہے گرم ان کو
لیکن چڑا گیا ہے چگا تلاش کرنے
دانہ کہیں کہیں سے پوٹے میں اپنے بھر کر
جب لائے گا، تو بچے منہ کھول دیں گے جھٹ پٹ
ان کو بھرائے گا وہ ، ماں اور باپ دونوں
بچوں کی پرورش میں مصروف ہیں برابر
اور چھوٹے بچے خوش ہیں تکلیف کچھ نہیں ہے
اے چھوٹے چھوٹے بچو ، تم اونچے گھونسلے سے
ہرگز نہیں گرو گے ، پر اور پرزے اب تک
نکلے نہیں تمہارے اس واسطے ابھی تم
اونچے نہ اڑ سکو گے ، ہاں جب تمہارے بازو
اور پر درست ہوں گے تو دن کی روشنی میں
سیکھو گے تم بھی اڑنا، کرتے پھرو گے چیں چیں
اڑتے پھرو گے پھر پھر اے چھوٹے بچو لیکن
کوّا بری بلا ہے اس سے خدا بچائے

(۲) تاروں بھری رات

ارے چھوٹے چھوٹے تارو   کہ چمک دمک رہے ہو
تمہیں دیکھ کر نہ ہووے   مجھے کس طرح تحیر
کہ تم اونچے آسماں پر   جو ہے کل جہاں سے اعلیٰ
ہوئے روشن اس روش سے   کہ کسی نے جڑ دیے ہیں
گہر اور لعل گویا

جوں ہی آفتاب تاباں   نے چھپایا اپنا چہرہ
وہیں جلوہ گر ہوئے تم   یہ تمھاری جگمگاہٹ
ہے مسافروں کے حق میں   بڑی نعمت اور راحت
اگر اتنی روشنی بھی   نہ میسر آتی ان کو
تو غریب جنگلوں میں   یونہی بھولتے بھٹکتے
نہ تمیز راس و چپ کی   نہ طرف کی ہوتی اٹکل
نہ نشان راہ پاتے

وہ غریب کھیت والے وہ امیدوار دہقاں
کہ کھڑی ہے جن کی کھیتی کہیں کھیت کٹ رہا ہے
کہیں گہہ رہا ہے خرمن نہیں آنکھ ان کی جھپکی
یونہی شام سے سحر تک ہیں تمام رات جاگے
نہ گھڑی ہے واں نہ گھنٹہ نہ شمار وقت و ساعت
مگر اے چمکنے والو ہو تمہی انھیں سجھاتے
کہ گئی ہے رات اتنی

وہ جہاز جن کے آگے ہے وسیع بحر اعظم
انھیں ہولناک موجوں سے مقابلہ ہے کرنا
کوئی ہے چلا وطن سے کوئی آ رہا ہے واپس
انھیں کچھ خبر نہیں ہے کہ کدھر ہے ان کی منزل
نہ تو مرحلہ نہ چوکی نہ سراغ راہ کا ہے
نہ کوئی دلیل رہبر مگر اے فلک کے تارو
تمہی ان کے رہنما ہو

❖❖❖

مسدس

ماں کی مامتا

مامتا ماں کی جانتے ہیں سب ماں ہے بچے کی پرورش کا سبب
بھوک بچے کو ہے ستاتی جب ماں سے کرتا ہے رو کے دودھ طلب
دودھ دیتی ہے پیار کرتی ہے
جان اس پہ نثار کرتی ہے
بچہ سینے سے جو رہا ہے چمٹ نہیں لے سکتی بے دھڑک کروٹ
پاؤں کی بھی نہ ہو ذرا آہٹ کہیں بچے کی نیند جائے اچٹ
اوں اوں کرتی تھپکتی جاتی ہے
ہولے ہولے سرکتی جاتی ہے
جب رہا وہ نہاپلچہ پر سو چھوٹے تکیے لگا دیے دو دو
کیے سب کام تھے ضروری جو پر نہیں بھولتی وہ بچے کو
لیتی رہتی ہے ماں خبر ہر دم
اپنے بچے پہ ہے نظر ہر دم
ماں کو آرام کی کہاں فرصت سوئی بے ڈھب تو آ گئی شامت
کپڑے لتوں کی ہوگئی کیا گت ہے بچھونا بھی تر بتر لت پت
صبح اٹھ کر کھنگالتی ہے تمام
جاڑے پالے کا وقت اور یہ کام

بچہ اتنے میں چونک اٹھا سو کے　　　ناک میں دم کیا ہے رو رو کے
ماں نے پھر لے لیا ہے خوش ہو کے　　　نیا کرتہ بدل کے منہ ہاتھ دھو کے
باتیں کرتی ہے پیار سے جوں جوں
بولتا ہے جواب میں آغوں
رات کو لوریاں سناتی ہے　　　گود میں لے کے بیٹھ جاتی ہے
کس قدر زحمتیں اٹھاتی ہے　　　بچہ ہے اور ماں کی چھاتی ہے
کبھی کنڈی بجا کے بہلایا
کبھی کندھے لگا کے ٹہلایا
ماں کداتی ہے اچھالتی ہے اسے　　　دیکھتی اور بھالتی ہے اسے
ہر طرح پر سنبھالتی ہے اسے　　　اللہ آمین سے پالتی ہے اسے
دیکھ کر اس کا چاند سا مکھڑا
بھول جاتی ہے اپنا سب دکھڑا
جب لگایا ہے آنکھ میں کاجل　　　پڑا بچہ کی تیوری پر بل
دونوں ہاتھوں سے آنکھیں ڈالیں مل　　　بچہ بے چین ہے تو ماں بے کل
چپ کیا جھنجنا بجا کے اسے
سوئی خود پیشتر سلا کے اسے
ماں پکائے تو کھانا پکتا ہے　　　اور بچہ ادھر بلکتا ہے
کبھی پرچھائیں ماں کی تکتا ہے　　　کبھی روتا کبھی ٹھٹکتا ہے
کھانا پکتا ہے نام ہی کو بس
لگتے ہاتھوں لیا ہے بھون جھلس

اس کا ہپا جدا پکاتی ہے انگلیوں سے اسے چٹاتی ہے
باتیں کرنا اسے بتاتی ہے پاؤں چلنا اسے سکھاتی ہے

ماں کو بچہ سے جو محبت ہے
درحقیقت خدا کی رحمت ہے

اتفاقاً جو ہو گیا بیمار پھوڑا پھنسی ہے یا زکام بخار
پھر تو ہر وقت ہے گلے کا ہار ماں کو اس سے زیادہ ہے آزار

اپنے آپے کا کچھ نہیں ہے ہوش
بیٹھی ہے بت بنی ہوئی خاموش

وہم سے دل ہے کانپتا تھر تھر اڑ رہی ہیں ہوائیاں منہ پر
ہے فقط فضل پر خدا کے نظر مانگتی ہے دعائیں رو رو کر

پڑ گئی کان میں کچھ اور بھنک
لگی ہونے کلیجا میں دھک دھک

دشمنوں کا نہیں ہے جی اچھا ماں کو اک ہول ہو گئی پیدا
پھر تو دنیا جہان کی ہے دوا ٹوم چھلے کا منہ ذرا نہ کیا

ہوت اَن ہوت کا نہیں کچھ غم
رہے بچہ کی خیریت جم جم

چاؤ اور چونچلوں سے پلتا ہے   آخرش پاؤں پاؤں چلتا ہے
گھر سے باہر بھی جا نکلتا ہے   کھیلتا کودتا ، اچھلتا ہے
جب کہیں چوٹ پھینٹ ہے کھاتا
ماں ہی ماں کہہ کے ہے وہ چلاتا
چیخ کو سن کے دوڑی بیچاری   آنسو ٹپ ٹپ ہیں آنکھ سے جاری
ہوئی بچہ پہ صدقے اور واری   کون کرتا ہے یوں خبرداری
جھٹ کلیجے سے لگا لیا ماں نے
جھاڑا ، پونچھا اٹھا لیا ماں نے
اب تو اک اور ہو گیا کھٹکا   جا کے اونچی منڈیر پر لٹکا
ماں نے بہتیرا اپنا سر پٹکا   گر پڑا تو نہ کھائے گا پٹکا
پھر دبے پاؤں جا کے لائی اتار
دیا آہستہ ایک طمانچہ مار
خیر سے اب تو کام کرتا ہے   روز مکتب میں شام کرتا ہے
کیا ادب سے کلام کرتا ہے   سب کو جھک کر سلام کرتا ہے
ماں چٹا چٹ بلائیں لیتی ہے
پیار کرتی دعائیں دیتی ہے

❋❋❋

مرثیہ سیّد اقبال احمد مرحوم

شب کو تھی تپ کے سبب سے مجھے آشفتہ سری
جب سحر ہونے کو آئی تو ہوئی بے خبری
ناگہاں آئی صدا کان میں وحشت بھری
برق جاں سوز تھی وہ تار کی پیغام بری
ہائے اقبال ترے نام کے تھے ساتھ لکھے
ایسے الفاظ کہ کٹ جائے اگر ہاتھ لکھے

آنکھ اے کاش نہ آتے تجھے وہ حرف نظر
کان بہرا نہ ہوا کیوں کہ نہ سنتا یہ خبر
عقل کھوئی نہ گئی کیوں کہ نہ کرتی باور
دل ہی اے کاش نہ ہوتا تو نہ ہوتا مضطر
ہائے اقبال، سنا گو کہ ترے مرنے کو
جی نہیں چاہتا زنہار یقیں کرنے کو

تیرے بچوں کو نہیں حادثۂ غم کی خبر
گو کہ سیلاب بلا سر سے گیا ان کے گزر
جب بڑے ہوں گے کڑھائے گی انھیں یاد پدر
تو ہی بتلا کہ تسلی انھیں ہو گی کیونکر
اس مصیبت کی نہیں انھیں پہچان ابھی
پوچھتا پھرتا ہے سب سے تجھے احسان ابھی

تیری کشتی میں کئی ایک مسافر تھے غریب
حیف، پہنچا نہ گیا ان کو تو ساحل کے قریب
کشتی ٹوٹی ہوئی اور جوش پہ طوفان مہیب
ڈھونڈتے ہیں تجھے گھبرا کے وہ برگشتہ نصیب
آہ منجدھار میں چھوڑا ہے سفینہ تو نے
کئی بدبختوں کا کٹوایا ہے سینہ تو نے

سینہ کہتا ہے کہ شعلے مجھے بھڑکانے دو
آہ کہتی ہے کہ مجھ کو بھی نکل جانے دو
آنکھیں کہتی ہیں کہ آنسو ہمیں برسانے دو
دل کی خواہش ہے کہ چپ چاپ ہی غم کھانے دو
صبر کہتا ہے کہ لو میں تو چلا ہاتھوں سے
منہ کو آتا ہے کلیجہ مرا ان باتوں سے

سید اقبال احمد ہمشیرہ زادہ مولانا اسماعیل میرٹھی نے یکا یک بعمر ۲۲ سال ۱۹۰۳ء میں انتقال کیا۔ مولانا میرٹھی کو اس عزیز سے خاص الفت تھی۔ حیات اسماعیل میرٹھی کے مطالعے سے ظاہر ہوتا ہے کہ اس مرثیہ کا مسودہ بھی گم ہو گیا۔ یہ چند بیت جو کہ انھیں یاد رہ گئے تھے درج کر دیا تھا۔

مرثیہ پلیونا

تھی صبح شب تار کی مانند کہر سے
آتی تھی نظر فوج ادھر سے نہ ادھر سے
جو چیز کہ تھی سامنے غائب تھی نظر سے
دشوار تھا اس وقت گزر راہ گزر سے
ناگاہ قدم روس کے لشکر نے بڑھایا
جنگاہ میں لشکر کو ہر افسر نے بڑھایا

اس معرکۂ سخت میں تھا زار بھی موجود
اور لشکر روسی کا سپہ دار بھی موجود
رومانیہ کا والی غدار بھی موجود
جنرل تھے بڑے نامی و جرار بھی موجود
رومانیہ اور روس کے لشکر ہوئے باہم
دو بحر تھے اک کوہ کی جنبش پہ فراہم

رشیا نے کیے جمع سوا لاکھ سپاہی
تھی شاق زبس حملۂ اول کی تباہی
نقصان گزشتہ کی مکافات جو چاہی
دکھلائی بڑی دھوم سے اب شوکت شاہی

باقی نہ رہی جائے بجز خیمہ و خرگاہ
صحرائے پلونہ میں ہوئی بند گزرگاہ

میداں میں ہوئی تین طرف فوج مقرر
جنگ آور و جرار مقرر ہوئے افسر
تھا سلسلہ توپوں کا ہر اک سمت برابر
یوں وادی و کہسار میں پھیلے تھے ستمگر
پلٹن پہ تھی پلٹن تو رسالہ پہ رسالہ
روسی تھے پلونا پہ کہ مہتاب پہ ہالہ

اس وقت دیا دمدمۂ ترک نے پیغام
ہے مستعد جنگ صف لشکر اسلام
او روس خبردار بس آگے نہ بڑھے گام
یہ توپ کا گولہ ہے تمھارے لیے انعام
عثمان دلاور کے وہی شیر کھڑے ہیں
پہچانتے ہو حملۂ اول میں لڑے ہیں

جب زار نے عثمان پہ کی تاخت دوبارہ
جو زور تھا لشکر کا وہ ڈالا وہیں سارا

اور آن کے میداں میں ہوا خود بھی صف آرا
لیکن نہ دیا قسمت و اژگوں نے سہارا
ہر حملہ میں اوندھا ہی پڑا زار کا لشکر
قسمت نہ لڑی گرچہ لڑا زار کا لشکر

براقیِ سنگین سے تھی آنکھ جھپکتی
شمشیر بھی تھی صاعقہ کردار لپکتی
اور گولیہ گولی متواتر تھی ٹپکتی
میداں میں قضا پھرتی تھی کشتوں کو تھپکتی
بندوق شرربار سے جلتا تھا بیاباں
توپوں کے گرجنے سے دہلتا تھا بیاباں

لشکر کی چڑھائی تھی کہ دریا کی چڑھائی
تھی کوہ و بیاباں پہ گھٹا سی امنڈ آئی
دھوں دھاں کے سوا کچھ بھی نہ دیتا تھا سنائی
فوجوں کے سوا کچھ بھی نہ دیتا تھا دکھائی
ہتھیار ہر اک سمت چمکتے تھے جھما جھم
اور حادثہ جنگ تھا تیزی پہ دما دم

کلیات میں درج ہے کہ :اس مرثیہ کے بہت سے بند تھے جو اتفاق سے گم ہو گئے یہ چند متفرق بند ان لوگوں سے دستیاب ہوئے جن کو یاد تھے۔

انسان

میں بھی کیا خوب ہوں مجھ پہ نہ کھلا راز اپنا
نہ تو انجام ہے معلوم نہ آغاز اپنا
شاید اس بزم میں ہے مرتبہ ممتاز اپنا
لیکن اوروں سے نرالا ہے کچھ انداز اپنا
ہوں تو بے قدر پہ مجموعۂ کل عالم ہوں
میں ہی مسجود ملائک ہوں اگر آدم ہوں

ابر و باد و مہ و خورشید میرے کام میں ہیں
مرغ و ماہی و دو دام میرے دام میں ہیں
آب و آتش مری خدمت کے سر انجام میں ہیں
کل جمادی و نباتی مرے خدام میں ہیں
مجھ میں قدرت نے عجب فضل و شرف رکھا ہے
میں نے فردوس کے میووں کا مزہ چکھا ہے

حیات وکلیات مولانا اسماعیل میرٹھی میں صرف دو بند دستیاب ہوئے جو یہاں درج کیے گئے۔ جسے سن ۱۸۸۰ء موصوف نے لکھا تھا۔

قطعات

سب سے زیادہ بدنصیب کون؟

اُس سے دنیا میں نہیں کوئی زیادہ بدبخت
جو نہ دانا ہو ، نہ داناؤں کا مانے کہنا
آج آفت سے بچی جان ،تو کل خیر نہیں
ایسے نادان کا مشکل ہے سلامت رہنا

❖❖❖

غصہ کا ضبط

دل میں جب کوند جائے برق غضب
اور طبیعت ہو انتقام طلب
اس خطرناک راہ پر جو مرد
کر سکے آتش غضب کو سرد
ڈانٹ کر دیو نفس کو لے تھام
اور نہ لائے زباں پر سخت کلام
مشورت عقل کی سنے اس دم
ہے وہی اپنے وقت کا رستم

❖❖❖

ادب

ادب ہی سے انسان انسان ہے
نہ سیکھے ادب جو وہ حیوان ہے
جہاں میں پیارا نہ کیونکر ادب
کہ ہے آدمیت کا زیور ادب
نہ ہو جس کو اچھے برے کی تمیز
نہ وہ گھر میں پیارا نہ باہر عزیز
بٹھاتے نہیں بے ادب کو قریب
یہ سچ بات ہے بے ادب بے نصیب

❖❖❖

چغل خوری

چغلی ہے برا کام بچو! اس سے ہمیشہ
جو لوگ ہیں بے شرم انھیں کا ہے یہ پیشہ
یہ لت ہے بری، اس سے نہیں ہاتھ کچھ آتا
اکثر تو چغلخور ہی ذلت ہے اٹھاتا

✦✦✦

آزادی غنیمت ہے

ملے خشک روٹی جو آزاد رہ کر
تو وہ خوف و ذلت کے حلوے سے بہتر
جو ٹوٹی ہوئی جھونپڑی بے ضرر ہو
بھلی اس محل سے، جہاں کچھ خطر ہو

✦✦✦

طلب خیر میں قناعت سے حرص بہتر ہے

جو طلب خیر میں قانع ہوا
اپنی ترقی کا وہ مانع ہوا
ایسی قناعت سے طمع خوب ہے
حرص ہی اس راہ میں محبوب ہے

✦✦✦

تکبر میں ذلت اور تواضع میں عزت

تکبر کیا ہے؟ اک ایوان عالی
مگر ناموس اور عزت سے خالی
تواضع ایک تہ خانہ ہے جس میں
چھپی بیٹھی ہیں سب عزت کی قسمیں

❖❖❖

ہمّت

گھوڑ دوڑ میں کو دائی کی بازی تھی ایک دن
تازی پہ کوئی، ترکی پہ اپنے سوار تھا
جو ہچکچا کے رہ گیا، سو رہ گیا ادھر
جس نے لگائی ایڑ وہ خندق پار تھا

❖❖❖

اپنے فعل پر پشیمانی

پیش آئے جو مصیبت پڑتی ہے سو بھگتنی
رہتی ہے یوں تسلی، مرضی یہی تھی رب کی
پر اپنے کوتکوں سے آتی ہے جو مصیبت
ہوتی ہے ساتھ اُس کے شرمندگی غضب کی

❖❖❖

انتقامِ علاج خطا ہے

جو انتقام نہ لینے سے ہو خطا افزوں
تو یہ تمہاری خطا ہے جو انتقام نہ لو

وہ کام جس سے کہ اوروں کو فائدہ پہنچے
تم اس کے کرنے سے زنہار ہاتھ تھام نہ لو

جو انتقام سے منظور ہو خوشی اپنی
تو ایسے کام کا تم بھول کے بھی نام نہ لو

❖❖❖

خطا کو خطا نہ جاننا ہلاکت ہے

ہے بیمار تو ، لیک بچنے کے قابل
گر اپنی خطا کو خطا جانتا ہے

مگر ایسے نادان کا کیا ٹھکانا
جو درد ہی کو دوا جانتا ہے

برا مانتا ہے جو سمجھائے کوئی
برائی کو اپنی بھلا جانتا ہے

وہ انجام کو روئے گا سر پکڑ کر
نہیں اس میں دھوکا خدا جانتا ہے

❖❖❖

معافی میں سرور ہے

نادموں کی خطا معاف کرو — ہے معافی میں لذّت اور سرور
اپنے دل میں ذرا کرو انصاف — کون ہے جو ہے بے خطا و قصور

❖❖❖

ہر کام میں کمال اچھا ہے

کوئی پیشہ ہو زراعت یا تجارت یا کہ علم
چاہیے انسان کو پیدا کرے اس میں کمال
کاہلوں کی عمر بڑھ جاتی ہے خود کرلو حساب
با ہنر کا ایک دن اور بے ہنر کا ایک سال

❖❖❖

دور اندیشی

جنھیں دی ہے خدا نے عقل دانا — ہے ان کو آج ہی سے فکر کل کی
مسافر چل پڑا جو آخر شب — تو ہو جاتی ہے منزل اس کی ہلکی

❖❖❖

بدی کے عوض میں نیکی کرنا

ہر ایک جانور کا یہی خاصہ ہے
بدی کے عوض میں بدی کی تو کیا کی
ہے البتہ وہ شخص انسان کامل
جفا کے مقابل میں جس نے وفا کی

قول و فعل میں مطابقت چاہیے

دیرینہ رسم و راہ سے قطع نظر کرو
برتاؤ آج کل کے زمانہ کے اور ہیں
دل شرق میں پڑا ہے پہ کہتے ہیں غرب کی
کھانے کے دانت اور دکھانے کے اور ہیں

❖❖❖

دل کی یک سوئی خلوت ہے

اگر دل گرفتار ہے مخمصوں میں
تو خلوت بھی بازار سے کم نہیں ہے
مگر جس کے دل کو ہے یک سوئی حاصل
تو وہ انجمن میں بھی خلوت نشیں ہے

❖❖❖

غریب اور امیر

خوش ہیں غریب اپنے اُن جھونپڑوں کے اندر
جو دھوپ کی تپش سے دوزخ کی بھٹیاں ہیں
شاکی ہیں اہلِ دولت حالاں کہ اُن کے گھر میں
پنکھا بھی کھنچ رہا ہے اور خَس کی ٹٹیاں ہیں

❖❖❖

ابیات

اچھی بات

جو بات کہو صاف ہو، ستھری ہو بھلی ہو
کڑوی نہ ہو، کھٹی نہ ہو، مصری کی ڈلی نہ ہو

وقت سے کام لو

وقت میں تنگی فراخی دونوں ہیں جیسے ربڑ
کھینچنے سے بڑھتی ہے چھوڑے سے جاتی ہے سکڑ

بری صحبت سے بچو

بد کی صحبت میں مت بیٹھو، اس کا ہے انجام برا
بد نہ بنے تو بد کہلائے، بد اچھا بدنام برا

خیالِ محال

کیا کیا خیال باندھے ناداں نے اپنے دل میں
پر اونٹ کی سمائی کب ہو چوہے کے بل میں

ظالم کی نیت

بگڑتی ہے جس وقت ظالم کی نیت
نہیں کام آتی دلیل اور حجت

اعتدالِ خیال

نہ حلوہ بن، کہ چٹ کر جائیں بھوکے
نہ کڑوا بن، کہ جو چکھے سو تھوکے

✤

اعتدالِ غذا

نہ کھاؤ اتنا زیادہ کہ ڈال دے بیمار
نہ اتنا کم ہو کہ نا طاقتی ہی ڈالے مار

✤

راستی

راستی سیدھی سڑک ہے جس میں کچھ کھٹکا نہیں
کوئی رہرو آج تک اس راہ میں بھٹکا نہیں

✤

اپنی حفاظت

جب کہ دو موذیوں میں ہو کھٹ پٹ
اپنے بچنے کی فکر کر جھٹ پٹ

✤

علیحدہ

گلستانِ جہاں میں پھول بھی ہیں اور کانٹے بھی
مگر جو گل کے جویا ہیں انہیں کیا خار کا کھٹکا

تا سحر وہ بھی نہ چھوڑی تو نے اے باد صبا
یادگارِ رونق محفل تھی پروانہ کی خاک

تم نہ چوکو کبھی نکوئی سے
کرنے دو گر خطا کرئے کوئی

ہر چند اس کے مال سے کوئی واسطہ نہ ہو
پھر بھی برا ہی کہتی ہے خلقت بخیل کو

ساغرِ زرّیں ہو یا مٹی کا ہو ایک ٹھیکرا
تو نظر کر اس پہ جو کچھ اس کے اندر ہے بھرا

خواہشوں نے ڈبو دیا دل کو
ورنہ یہ بحرِ بیکراں ہوتا

متفرقات

خشک سالی

نہ آئی، پر نہ آئی پر نہ آئی   گھٹا نے بول دی بالکل صفائی
اگر آئی تو کی لے دے ہوا نے   سواری اور جانب کو بڑھائی
گئے دریا اتر تالاب سوکھے   کجائی ابر دریا دل کجائی ؟
نہ صحرا میں دل آویزی کا انداز   نہ بستاں میں ادائے دل کشائی
نہ صحن باغ میں طوطی کا نغمہ   نہ شاخ گل پہ بلبل چہچہائی
زمیں چٹیل ہے کورا آسماں ہے   ہوئی اب کے برس اچھی صفائی
نہ روئے مل کے ساون اور بھادوں   ہوئی ہے ترک باہم آشنائی
نہ تانا شامیانہ ابر تو نے   نہ اب کے رعد نے نوبت بجائی
نہ وہ جگنو نہ وہ راتیں اندھیری   نہ وہ کالی گھٹا گھنگور چھائی
نہ پرنالے چلے اب کے دھڑا دھڑ   نہ گزری کی سڑک رو نے بہائی
نہ وہ سن سن نہ وہ جھونکے ہوا کے   نہ بجلی نے چمک اپنی دکھائی

نہ وہ برسات کے کیڑے پتنگے
نہ مینڈک نے زمیں سر پر اٹھائی

کہاں بادل کہاں بجلی کہاں مینہ
پریشانی سی ہے دنیا پہ چھائی

نہ اے بھادوں بھرن برسائی تو نے
نہ اے ساون جھڑی تو نے لگائی

نہ موروں نے کیا کچھ شور برپا
نہ کویل ہی نے دھوم اب کے مچائی

نہ ٹپکیں بوندیاں پتوں سے ٹپ ٹپ
نہ دل کش راگنی چڑیوں نے گائی

نہ رنگا رنگ بادل آسماں پر
نہ چھت پہ گھاس دیواروں پہ کائی

نہ کیچڑ ہے نہ پانی ہے نہ سبزہ
نہ مینہ برسا نہ کھیتی لہلہائی

ترستے ہیں برستا ہی نہیں مینہ
سسکتی ہے پڑی ساری خدائی

بہت رو کر دعائیں سب نے مانگیں
گھٹا روئی نہ بجلی مسکرائی

ہوئی برباد کھیتی تھک گئے بیل
گئی گزری کسانوں کی کمائی

نہیں بیچارے حیوانوں کو چارہ
ہے انسانوں کو فکر بے نوائی

بہت مزدور بیٹھے ہیں نکمے
نہیں اب کوئی حیلہ جز گدائی

سمندر کیا ہوئے تیرے بخارات
صبا، تو کیوں اڑا کر لے نہ آئی

بلائے قحط ہے ہندوستاں میں
ہے روم و روس میں برپا لڑائی

خدایا جلد قحط اور جنگ ہوں دور
ملے سب کو مصیبت سے رہائی

خدایا رحم کر، جاں لب پہ آئی
تری مخلوق دیتی ہے دہائی

(مرتبہ ۱۸۷۰ء)

✤✤✤

جاڑا اور گرمی

ایک دن جاڑے نے گرمی سے کہا
میں بھی ہوں کیا خوب موسم واہ وا!
ہے بجا گر کیجیے میری صفت
ہے روا اگر کیجیے میری ثنا
میں جہاں میں ہوں زبس ہر دل عزیز
مانگتے ہیں میرے آنے کی دعا
میرے آنے سے نہ کہو کیوں خرّمی
کیا خنک پانی ہے! کیا ٹھنڈی ہوا
چاندنی ہے بے کدورت بے غبار
آسماں ہے صاف نیلا خوشنما
رات گرمی کی تو کچھ ہوتی نہ تھی
دن کی محنت سب کو دیتی تھی تھکا
میری آمد نے کیا شب کو دراز
میرے آنے نے دیا دن کو گھٹا
لُو مسافر کا جھلس دیتی تھی منہ
اور زمیں تلووں کو دیتی تھی جلا
اب ہوا بھی اور زمیں بھی سرد ہے
کھو دیا میں نے حرارت کا پتا
مل گئی کتنے بکھیڑوں سے نجات
ٹٹیاں موقوف پنکھا چھٹ گیا
دھوپ کا ڈر ہے نہ لُو کا خوف ہے
ان دنوں کی دھوپ ہے گویا غذا
سورج اب کترا کے جاتا ہے نکل
فصل تاکستاں میں تھا سر پر چڑھا

ہے خضر میں برج کل عیش و نشاط
ہے سفر بھی ان دنوں راحت فزا

میرے دم سے تندرستی بڑھ گئی
پائی مدت کے مریضوں نے شفا

ڈاکٹر صاحب کو فرصت مل گئی
اب شفا خانہ میں کم ہے جمگھٹا

ضعف معدے کی شکایت مٹ گئی
بے دوا خود بڑھ گئی ہے اشتہا

مکھیاں بھی رہ گئی ہیں خال خال
بے تکلف اب ہے کھانے کا مزہ

گرم پوشاکوں نے اب پایا رواج
میں نے بخشا آن کر خلعت نیا

سل گئے تو شک لبادے اور لحاف
درزیوں نے پایا محنت کا صلہ

میرے ہوتے کون پوچھے برف کو
باسی پانی برف کا بھی ہے چچا

ندی نالوں کا گیا پانی نتھر
جھیل اور تالاب نے پائی صفا

طالب علم اب کریں گے کوششیں
کوششوں سے ہو گا پورا مدعا

ٹھیک وقت ان ورزشوں کا ہے یہی
تندرستی کا ہے جن سے فائدہ

کرکٹ اور فٹ بال اور جمناسٹک
کرتے ہیں مضبوط جسمانی قوا

حاکموں نے کر دیا دورہ شروع
تا کریں در در رعایا کی دوا

جا بجا فوجیں ہوئی ہیں مجتمع
تاکہ میداں میں کریں مشق دغا

سیب ، نارنگی ، بہی ، لیمو ، انار
ذائقہ ہے جن کی صورت پہ فدا

پستہ و بادام انگور و مویز
میوہ ہر اک قسم کا بکنے لگا

تخم ریزی جنس اعلیٰ کی ہوئی
کھیت میں بویا گیا گیہوں چنا

عید کی سی دھوم ہے دیہات میں
پک گئی ایکھ اور کولھو چل پڑا

ہے مٹھائی کی نہایت ریل پیل
چل رہی ہے آج کل میٹھی ہوا

انس ہے محنت مشقت سے مجھے
کاہلی کو میں نہیں رکھتا روا

محنتی ہیں مجھ سے خوش میں ان سے خوش
کاہلوں کا میں نہیں ہوں آشنا

سن کے یہ باتیں ہوئی گرمی بھی تیز
اور جل کر یوں جواب اس کو دیا

آپ اپنے منہ میاں مٹھو نہ بن
خود ستائی عیب ہے او خود ستا

اس کو ہوتا ہی نہیں حاصل کمال
جو کہ اپنے آپ کو سمجھے بڑا

سر بلند تو سرکشی کرتے نہیں
بلکہ سر کو اور دیتے ہیں جھکا

تیری خود بینی ہوئی تجھ کو حجاب
خوبیوں کو میری سمجھا بدنما

تجھ سے عالم میں خزاں کا ہے ظہور
مجھ سے ہے فصل بہاری کی بنا

تو نے شاخوں کے لیے پتے کھسوٹ
تو نے پیڑوں کو برہنہ کر دیا

میرے آنے سے پھلے پھولے شجر
سبز پوشاک ان کو میں نے کی عطا

میں نے شاخوں میں لگائے برگ و بار
ورنہ تھا کیا ان میں ایندھن کے سوا؟

کھیت جاڑے بھر تو کچے ہی رہے
ہاں مگر میں نے دیا ان کو پکا

تو نے رکھے تھے بخیلوں کی طرح
برف کے تودے پہاڑوں میں چھپا

میں نے پگھلا کر کیا تقسیم اسے
تاکہ پہنچے سب کو فیض و فائدہ

خشک چشمے بھر گئے دریا چڑھے
دیکھ لے میرا کرم میری سخا

تجھ سے تھی مخلوق میں افسردگی
کون خوش تھا؟ جز گروہ اغنیا

میری آمد نے مساوی کر دیے
راحت و آرام میں شاہ و گدا

کر دیا میں نے رگوں میں خوں روا
ٹھنڈ سے شل ہو گئے تھے دست و پا

❖❖❖

بخیلی اور فضولی

اری بخیلی! اور اے فضولی! تمھارا دونوں کا مُنہ ہو کالا
گناہ گاری کے تم ہو چشمے ، تمھیں سے نکلیں خراب رسمیں
تمھیں نے دم بھر میں سب گنوایا تمھیں نے سب خاک میں ملایا
کمانے والوں نے جو کمایا بصد مشقت کئی برس میں
نہ مال و دولت کے فائدوں ہی سے کر کے محروم تم نے چھوڑا
بنایا بد عہد اور بے دیں ، کھلائیں جھوٹی ہزار قسمیں
لگا کے حرص و طمع کا پھندا ، سکھایا خود مطلبی کا دھندا
بنایا حق تلفیوں کا بندہ ، پھنسا کے تم نے ہوا ہوس میں
ہوئی بخیلوں کی کیا بُری گت نہ پاسِ عزت نہ کچھ حمیّت
نہ حوصلہ ہی رہا نہ ہمّت، نہیں ہے فرق اُن میں اور مگس میں
لُٹا کے دولت کو اپنی مُسرِف، ہوئے ہیں کیا کیا ذلیل احمق
کہ جیسے بے بال و پر کی چڑیا اسیر ہو گوشۂ قفس میں

مسلمان اور انگریزی تعلیم

ایک دن تھا بحکمِ سرکاری
کئی اسکول جا بجا کھولے
نہ تو کچھ فیس تھی نہ داخلہ تھا
مفت تعلیم تھی اُسے جو لے
ہم مسلمان سب اکڑ بیٹھے
پہلے فتویٰ جواز کا ہو لے
مُنہ زبانی بھی اور لکھ کر بھی
پوچھ گچھ کی تو مولوی بولے
" ایسی تعلیم سے تو بہتر ہے
آدمی ٹوکری کہیں ڈھو لے "
اُن کو تنقیص دین کی سوجھی
تھے تعصب کے آنکھ میں پھولے
وہم و وسواس کے رہے چلتے
سالہا سال توپ اور گولے
اِنتظامِ اُمورِ دُنیا کو
کیا سمجھتے یہ جنّتی بھولے
جس کو ہو کچھ بھی فہم سے بہرہ
اپنے شربت میں زہر یوں گھولے
رہ نما بے خبر تو بات کو پھر
کون میزانِ عقل میں تولے
رہے علمِ معاش سے کورے
شہر قصبے محلّے اور ٹولے
ہیں ہمارے جو اور ہمسایے
گویا بیٹھے ہی تھے وہ مُنہ کھولے
خوانِ یغما پہ جا کے ٹوٹ پڑے
بھر لیے ٹھونس ٹھونس کر جھولے
لگی ہلدی نہ پھٹکری اور مفت
خوب موتی معاش کے رولے
محکموں کی پلٹ گئی کایا
آفسوں کے بدل گئے چولے

کہا سیّد نے قوم سے "ناداں! تو بھی اُٹھ بیٹھ ہاتھ مُنہ دھو لے
پیچھے اُمیدِ جمع خرمن کر پہلے کھیتوں میں بیج تو بو لے"
تب ہوئی کچھ جھجک ہماری دور اور ہم نے بھی بال و پر کھولے
مگر اِس فیس کی گرانی کے متواتر لگے وہ ہچکولے
حوصلہ کا نکل گیا بھُرکس اور ہمّت کے ہو گئے ہولے
الغرض وہ مثل ہوئی اپنی "سر منڈتے ہی پڑ گئے اولے"

❖❖❖

مسلمانوں کی تعلیم

(یہ نظم شیخ نظام الدین صاحب نبیرہ خان بہادر حافظ عبدالکریم مرحوم سی آئی ای رئیس لال کورتی نے جلسہ سالگرہ ملکہ معظمہ کوئن وکٹوریا میں پڑھی تھی۔)

اے خوشا وہ قوم مستقبل ہو جس کا شان دار
کل سے بہتر آج ہو اور آج سے بہتر ہو کل

دم بدم راہِ طلب میں کر رہی ہو دوڑ دھوپ
ایک نقطہ پر نہ ہو اُس کو توقف ایک پل

رفتہ رفتہ بن گئی ہو علم کی کشور کشا
ہوتے ہوتے ہو گئی ہو مردِ میدانِ عمل

کیوں نہ ہو اُس قوم کی دُنیا کے ہر گوشہ میں ساکھ
جس میں اخلاقی سکت ہو اور ہو حکمت کا بَل

وقت کو دولت کو طاقت کو نہ کھوئے رائگاں
کھودے احیاناً تو حاصل بھی کرے نعم البدل

ہچکچاتی ہو پہاڑوں سے نہ دریا سے رُکے
ہمّتیں ہوں اُس کی عالی عزم ہوں اُس کے اٹل

حسرتا وہ قومِ ناقابل کہ ہو ننگِ سلف
کاہلی سے دست و بازو ہو گئے ہوں جس کے شل

اُس کی طاقت کیا؟ کہ ہوں اوروں سے کم جس کے نفوس
اُس کی عزت کیا ؟ جو ہو پسماندۂ علم و عمل

اُس کی دولت کیا؟ کہ ہوں افراد جس کے بے ہُنر
مفلسی بھی اور دماغوں میں مشیت کا خلل

کر دیا ہے خانہ برباد آج اُسے اسراف نے
جس کو قدرت نے دیے تھے سیکڑوں سنگیں محل

خیر جو گزرا سو گزرا یہ جو ہیں تازہ نہال
فکر اِن کی چاہیے شاید یہی جائیں سنبھل

اِن کو بار آور بناؤ خواہ بے کار و فضول
آج جس سانچے میں ڈھالو گے اُنھیں جائیں گے ڈھل

کھیت میں پیدا ہوں پودے اور نہ سینچو وقت پر
ہے نتیجہ صاف ظاہر دھوپ سے جائیں گے جل

سوکھ کر جھڑ جائیں کلیاں اور نہ چیتے باغباں
ایسے ظالم باغباں کو کیا ملے گا خاک پھل

جی چرانا کام سے اور کامیابی کا یقیں
اے عزیزو ! ہے خلافِ حکمِ حق عزّوجل

لَیسَ لِلاِنسَانِ اِلَّا مَا سَعیٰ پڑھتے تو ہو
لیکن اِس پڑھنے کا اے حضرات ! آخر ما حصل ؟

شہد کی مکّھی کو دیکھو کس قدر مصروف ہے
چوس کر ہر پھول سے لاتی ہے بے چاری عسل

اپنے بچّوں کے لیے کرتی ہے آذوقہ تلاش
آخرش آتے ہیں بچّوں کے بھی پَر پُرزے نکل

یہ نئی تانتی ہماری کیا کرے گی بھاگ دوڑ
تنگنائے کاہلی میں جب بڑے جائیں پھسل

بعض کہتے ہیں بڑھو آگے کہ ہے میداں وسیع
بعض کہتے ہیں کہ ہیں یہ کہنے والے مبتذل

دیکھنا ! تم ٹس سے مَس ہرگز نہ ہونا ایک انچ
بڑھ گئے آگے تو آ جائے گا ایماں میں خلل

اُن کا کہنا مانیے یا اِن کی خاطر کیجیے
اپنا عقدہ کیجیے اب اپنے ہی ناخن سے حل

تیز کر اپنی توجّہ کی کرن اے آفتاب(۱) !
تاکہ جائے عادتوں سے برف سُستی کی پگھل

تیری گرمی سمندر سے اُٹھائے گی بخار
پھر ہوا میں جمع ہوں گے بادلوں کے دَل کے دَل

دشت اور کُہسار پر برسیں گے ایک دن جھوم جھوم
ایک ہو جائے گا آخر دیکھنا ! جل اور تھل

پھر تو ہو جائے گی یہ مردہ زمیں باغ و بہار
پھر تو کھِل جائیں گے پژمردہ دلوں کے بھی کنول

دِل نہ ہو درد آشنا تو نظم ہے اِک دردِ سر
کیا رباعی کیا قصیدہ کیا مخمّس کیا غزل

جملہ ڈیلیگٹ سے آب خیر مقدم عرض ہے
اور پریذیڈنٹ(۲) کی خدمت میں شکریہ ڈبل

(۱) (۲) آنریبل صاحبزادہ آفتاب احمد خاں بیرسٹرایٹ لا، علی گڑھ

✤✤✤

ضعیفوں پہ زور آزمایا تو کیا ستائے ہوؤں کو ستایا تو کیا
کسی دل جلے کو جلایا تو کیا فساد فتنہ اٹھایا تو کیا
نہ پکڑا کبھی دل کے اندر کا چور نہ توڑا کبھی نفس سرکش کا زور

✤✤✤

سب جھوٹ ہے کوئی کیا کرے گا ہو گا وہی جو خدا کرے گا
کرنے دو بدی کرے جو کوئی اُس کا بھی خدا بھلا کرے گا

✤✤✤